中国思想史

常乃悳◎著

应急管理出版社

·北京·

图书在版编目（CIP）数据

中国思想史/常乃惪著．－－北京：应急管理出版社，
2024

ISBN 978－7－5237－0361－8

Ⅰ.①中…　Ⅱ.①常…　Ⅲ.①思想史—中国　Ⅳ.①B2

中国国家版本馆 CIP 数据核字（2024）第 019636 号

中国思想史

著　　者	常乃惪
责任编辑	高红勤
封面设计	刘红刚

出版发行	应急管理出版社（北京市朝阳区芍药居 35 号　100029）
电　　话	010－84657898（总编室）　010－84657880（读者服务部）
网　　址	www.cciph.com.cn
印　　刷	三河市九洲财鑫印刷有限公司
经　　销	全国新华书店

开　　本	710mm×1000mm$^1/_{16}$　**印张**　13　**字数**　156 千字
版　　次	2025 年 1 月第 1 版　2025 年 1 月第 1 次印刷
社内编号	20231318　　　　　　**定价**　68.00 元

出版说明

常乃惪，原名乃瑛，字燕生，山西榆次人，历史学家、思想家、哲学家。1920 年毕业于北京高等师范学校，先后在燕京大学、山西教育学院、四川大学、川康农工学院、齐鲁大学、华西大学等校任教授。其间，还担任过商务印书馆翻译所编辑。曾参与鲁迅主办的《莽原》周刊编辑工作，还主编过《醒狮月报》《国论》。

常乃惪先生年少成名，在诸多学术领域均有建树，在思想史和文化史研究方面更有其独特之处。著有《中国民族小史》《中国史孚瞰》《中国财政制度史》《社会科学通论》《生物史观与唯物史观》等书。

此次出版的《中国思想史》以常先生著作《中国思想小史》为底本。此书是常乃惪的主要作品之一，采用鸟瞰式的体例，对中国的思想史进行纵观式的梳理。内容涵盖自原始社会至五四运动的各个历史时期中国主要思想的特征、形成和发展过程，阐明了在民族特征、地理特点、时代背景对思想嬗变所产生的影响。

此次出版，我们力求保留原著的精髓和风格，同时对文字、标点等进行了规范化处理，对内容进行了精心的校勘和修订，以确保它的准确性。此外，根据内容加入了插图，以增强可读性。

以上内容，特此说明，如有错漏，万望教正。

导言　中国五千年来思想变迁的鸟瞰

思想史与学术史同呢？不同呢？说不同，所采的材料，所用的方法，未尝不大同小异；说同呢，内容所讲的确乎彼此两样。学术史——或者哲学史——所注重的是学说的内容，师徒传授的门户派别，以个人为中心的学者传记等等——思想史对于这些却全不注重，它所注重的乃是一时代思想递嬗的源流大概，及于当时及后世的波动影响。讲学术史尽可以个人为中心，多少忽略时代和地域等背景，讲思想史却完全不能不注意到时代、地域等等交互的影响。近来学术史乃至哲学史的著作也都渐渐抛弃以个人为中心的学案体，而趋重于环境的影响之叙述了，从此以后思想史的位置，将比学术史——特别是哲学史——的位置还高了。

中国有学术么？这话是不能轻易回答的，因为真正以科学方法为根据的学术，在欧洲也不过二百年来的事，在中国今日则甫在萌芽，尚无供历史记载的资格，更谈不到学术二字。中国有哲学么？自周、秦诸子以来，百家争鸣，其中未尝无近乎哲学性质的学说，不过中国的民族性是平易务实，所有主张多务求有裨实用，并不好为幽深玄远的思辩，因此发达为纯正哲学的机会甚少，只有六朝以后，从印度输入的佛教思想，颇有哲学的意味，但一到中国，学风也渐渐趋于实际，不是纯印度的旧来色彩了。地域环境之移人如此，因此在中国求为学术史或哲学史的记载是很不容易的，但五千年孕育深厚的民族，其发为思想自然不无可观，以民族的固有天性和环境铸成思想，以思想之力又铸成民族，彼此循回影响，遂造成今日庞大的中华民族与中华民族思想，对于全世界都有莫大的影响，这种情形又是我们所决不可放弃过了的，因此中国思想史的研究就绝对不可缓了。

我们要对于中国民族思想的内容作详细的研究，就不可不先将五千年来演化的源流大概先为鸟瞰的解剖，使读者心中对于全盘情形先有一番了解，然后再进而为细密的叙述，才不至茫然无措，因此本章先将这种思想演化的大概情形，作一番鸟瞰的叙述。

思想不是凭空发生出来的，他是民族精神结晶的表现，民族精神也不是天造地设一成不变的，他的成因，一半是民族血统，一半是地域环境和时代环境所造成。要研究中国民族的思想演化情形，除了各时代的时代环境应该注意外，对于中国民族的先天气质和地域环境也不能不注意，尤其要注意的是地域环境，因为民族的气质如何，本来难以表现，所表现出来的，尽是受过地域环境影响以后的情形，因此地域环境就更不能不特别加以注意。中国是个温带的国家，地方又广大，平原和河流又多，气候又温暖，物产又繁盛，这样情形之下，思想是应当早发达的。就最可靠的历史记载言，距今四千年时代，至少已有了系统的思想的萌芽了。在四千年以前，中国民族的思想进展到如何程度，我们今日无文献可征，已难十分断言了。不过从上古的种种民谣神话以及器物制度上考察起来，或者仍不无可以揣想而知之处。至于尧舜以降，多少已有书籍和器物可征，从这时代起到西周末年止，我们可以看作是一个相近的时代，这时代中我们所有的记载证明了一部分贵族宫廷的人已有了系统的观念思想，而大多数平民却仍生活在不识不知的神话之中。这时代因为交通不便、民族接触较少的缘故，至少文化的中心因民族之不同也分裂为数个，较显著的如黄河流域的诸夏民族文化，淮水流域的东夷民族文化，江汉流域的荆蛮民族文化，渭水流域的氐羌民族文化，四川中部的巴蜀民族文化，都各有其特异之点，由此产出的民族思想也各有其系统，彼此不同。除了诸夏民族之外，其他民族的本来思想因为记载简略的缘故，我们仅能于流传的故事神话之中，略得其一二，其详已不可得闻。这些不同的民族思想，到春秋以后因列国接触的结果，逐渐都加入诸夏思想系统之中，彼此混合调和，遂造成今日中国民族的整个思想了。

春秋战国是各民族接触频繁的时代，也是各种思想系统彼此竞争和调和最烈的时代。原始的诸夏民族思想因为政治进化较早的缘故，发展较为完备，表现出来的是儒、墨两家的思想。儒家重伦理秩序，墨家重实用节俭，两家为说虽稍有不同，根本的精神却无甚差别，都是发源于诸夏民族重实践的民族性。与这种精神相反的，则有道家与阴阳家两派。道家重虚无自然，阴阳家重鬼神怪诞，两家为说虽稍有不同，其源却均出于东夷民族的思想，不过一受海国的影响，气势较为雄大，一则发展于江汉流域，因地域丰饶的结果，思想较为高深罢了。最后出者为法家，法家起于韩、魏而盛行于秦，都是西北区域，西北为氐羌族的根据地，因气候寒冷，地势贫瘠，虽经周、秦两代的建都，文化仍甚落后，思想无甚表现，直到战国末年才有法家出现，其重功利、尚实用的精神仍与诸夏思想系统相近，不过更加黢刻峻厉，带有西北民族的色彩罢了。但法家的人生观却多承自道家，其受东夷族思想之影响也不少。要之先秦诸子，法家最为后出，其受他派影响也最多，故其学说首尾完密，壁垒森严，可谓集古代学说之大成，后来西汉一代的实际政治都是依据法家的主张而实行的。

　　经过战国末年思想发展极盛的结果，到秦、汉统一以后，便有衰颓的倾向了。西汉初年的社会，以前各派的分子仍然都在活动，不过都无杰出的人才。儒家只有董仲舒一派的迂儒撑持门面，和叔孙通、公孙弘等无耻小人，假借名目，献媚时主。道家则也将原始那种极端破坏的思想抛弃，只以清净无为等浅薄思想，迎合当时的人心。这两派的末流都吸收当时流行的方士妖妄之说，与阴阳家末流相合，造成谶纬的思想，支配东汉一代的政治社会，结果成为道教。阴阳家更加堕落，自战国末年就失去创始者的本意，变为方士了。秦、汉以后，这种方士逐渐吸收当时的社会上的多神思想，蔚成大宗，后来的道教便是中国多神思想的总汇，很值得注意的。法家在西汉一代最见实用，但结果毗于事功而忽略理论，因此思想方面转没有什么大的建树，不过在实际上颇支配当时的人心罢了。墨家本来不重理论，秦、汉以后更因与当时专制潮流不合的缘故，表面上销声匿迹，实际上任侠好义之士多带有墨者的意味，不过因为不尚理论的结果，渐渐数典忘祖不知道他们的思想所自了。总之西汉一代是各派思想日就式微的时代，到东汉时代各派遂均灭亡。东汉表面上尊崇儒家，似乎思想界为一派所垄断，实则有经师而无儒者，有训诂而无发明，够不上称为思想家。当时支配一般思想界者仍是儒、道、阴阳三派结合而成的多神宗教，思想界之隳落如此，无怪乎一到魏、晋之际，要生大的反动了。

　　思想到了东汉，可算消沉黑暗已极，妖妄的方士思想传布于民间，遂造成黄巾之祸。四百年来的统一大帝国，由此破裂。乱世社会不易安定，思想因之易趋激烈，遂渐渐产生对于古代传统思想反抗的怀疑精神。汉末的孔融，魏末的何晏、王弼，晋初的竹林七贤，都是此时代的代表。不过当时风气初开，规模未具，仅有对于传统思想反抗的破坏精神，别无新的建设。加以时代不宁，民生困苦，故颓废思想易于成立，伪《列子》中《杨朱篇》的思想即其代表。假如当时环境没有新的发展，则思想界也未必就长此安于颓废，或者就老庄哲学的路，发展为一种名理探讨的新精神也未可知，不过费的时间总要长些。乃时势凑巧，因种族移徙的结果，西域交通之路大开，印度的佛教思想竟大举输入中华，给颓废饥渴的思想界以一种新兴奋剂，从此思想界的工作，都集中到翻译事业上去了。

六朝的翻译事业，与两汉的训诂事业，虽均为述而不作的劳动，性质似乎相同，其实就精神上和效果上说起来，却大不相同。汉代的经师当思想由盛而衰之际，其功作仅止于抱残守缺，毫无进展，当其任者也多系拘谨迂阔的书生，并无非常杰出之才，故影响社会极小。六朝则正当思想革新的机会，外来的学说完全新颖，为向来所未见，足以吸引第一流人才的注意，而其内容博大精深，又足以维系人心的信仰，故翻译者妙契微言，听受者共乐新义，影响之大就决非区区汉代经师所可比了。

六朝时代，正在输入印度思想之际，大家都努力于介绍的工作，不暇咀嚼消化，在创造上无甚表现，不过单以介绍而论，已使中国思想界得了一支新生力军，发生一种新的变化罢了。到了六朝末年，翻译的工作业已将次圆满，印度思想重要的部分业已差不多都介绍过来，中国的学者接收了这一批新礼物之后，自然要逐渐求其与固有思想调和融化而另创出一种新东西来。自北魏中叶的净土宗起，到隋朝的天台宗，唐初的华严、禅宗等，都是中国人自创的东西，就是法相宗虽从印度输入，也是经过玄奘法师的改良，另有一番新意义的。

佛教到了唐朝中叶，已经发达到了极点，种种新义都已发挥净尽，物极必反，以后的佛教便往下坡路走了，唐朝末年的佛教徒骄奢淫逸，愚昧无知，已不能尽餍人心，学士大夫渐渐有另辟新路的动机，如韩愈、柳宗元、刘禹锡、李翱都是有志开辟新路的尝试者，不过时机未熟，成就不大。到了晚唐五代的丧乱时期俱已过去，北宋的政治统一开幕，因着政治的和平安定，思想得以酝酿发舒以至于成熟。北宋中叶以后欧阳修、王安石的实利主义和二程子的理学俱已成立，到南宋以至于元，便全是理学家的天下了。

理学起于北宋，大成于南宋，而盛于元及明初，元、明两代经过政治当局有意的提倡，简直成为一种变相的宗教，为人主箝制人心的工具了。末流之弊自然趋于黝刻，到明朝中叶反动渐起。一部分名士文人，专模仿浪漫的感情生活，虽为理学直接的反动，但在思想上无切实的立足点，尚非重要，在思想上占重要地位的，则为王守仁之良知学说。王学虽仍不脱理学之名，但实际上主张直接痛快，破坏一切，已超出宋儒的范围，非理学所能拘束了。

这种对于宋儒理学的反动，一经开始其势不可复止，故到明末清初，受了国家时局的激刺，便有更新的思想萌芽。黄宗羲、顾绛、王夫之、傅山、颜元等都各有新学派出现，不但宋儒拘他不住，即阳明学说也渐成过去了。这时候真是个新机萌芽的时代。不幸清圣祖以后，专制日亟，文网日密，屡兴摧残思想的大狱，又用利诱手段，以爵禄牢笼学者，以辞章消磨志气，因此思想界受此挫折，不能照直线往前进行，不得已以玩物丧志的考据之学来消磨岁月，清代考据学之盛，正清代思想界之不幸。但思想终非禁锢所能终了的，清代嘉、道以后，禁网渐疏，新思想逐渐复活，魏源、龚自珍等皆其代表。假使无欧洲思想的输入，这种思想也会逐渐发育起来成为系统的学说的。恰好欧洲的思想又在这个时机输入进来，给思想界添一支非常有力的生力军，恰如六朝时代之输入印度思想一样。自清末以至今日都和六朝的初期相似，是一个努力介绍的时代，不过尚无像六朝时代那样大规模的忠实介绍罢了。但这种机运一动，决难中止，欧洲思想终有尽量地输入中国之一日，前途之光明正未有艾哩。

综观中国思想界的大势，自原始的神道思想进而为先秦诸子系统的学说，又吸收印度思想而造成宋明的理学，最后则欧洲思想输入，极恢奇变诡之致。足见民族创造力之大，融和力之伟，思想终无中断之一日，这就是我们所可引为乐观的地方了。

目　录

第一章　原始中国民族的神话思想 / 001

第二章　宗教与伦理观念之进化 / 009

第三章　神权思想之衰落与人事观念之代兴 / 017

第四章　宗法社会思想之圆满的发展 / 025

第五章　贵族社会中的一般思想 / 033

第六章　学术的解放与思想的分化 / 041

第七章　各派思想之凋落混合及神秘思想之复兴 / 057

第八章　怀疑时代的曙光 / 065

第九章　佛教的输入 / 073

第十章　新佛教宗派的创造 / 083

第十一章　唐宋间理学未兴前之新形势 / 091

第十二章　宋朝理学的起源及其成立之经过 / 101

第十三章　理学的大成和独占 / 117

第十四章　程朱学的衰落与王学的兴起 / 131

第十五章　理学的反动时期 / 145

第十六章　考据学全盛下的清代思想界 / 153

第十七章　思想的解放与今文家的活动 / 159

第十八章　欧洲思想与昔日之中国 / 167

第十九章　政治思想与实际政治运动 / 173

第二十章　新文化运动的黎明时代 / 179

第二十一章　新文化运动的成绩 / 185

第一章

原始中国民族的

神话思想

原始的中国民族并不是整个的，极概括地分起来至少也可以分为八九个不同的民族。各种民族占据的环境既不同，又因古代交通不便，彼此声息隔绝，无从交换意见，结果自然易于造成特殊的思想。这种思想后来有的澌灭无闻，有的日益光大，有的与他族思想相互混合，造成今日整个的中国思想，其情形各不相同。已经澌灭的思想，我们今日考证起来，尤为困难。大抵民族思想之发展迟速，内容丰啬，与民族所处的环境大有关系。原始的许多中国民族之中，其较有独立的思想系统堪令人注意者，仅有分布黄河流域的诸夏族，和淮水流域的东夷族。此外巴蜀民族虽有文化，而因与中国交通较迟，记载已多佚灭，无从考起；荆蛮、氐羌等族文化较低，表现甚少；闽粤、北狄、西藏诸族，距中原荒远，文化发展也较后，更无思想之可言。唯今日盘踞珠江上流山地之苗族，古代相传分布的势力较广，文化的开辟也较早，其思想内容也有可以注意之处，惜乎可考的记载也不多了。

〔注〕关于上古民族分配的情形，可参看拙著《中国民族小史》（上海爱文书局出版）及《中国史鸟瞰》（北京文化书社代售）。

在这许多民族之中，最可注意的自然是诸夏族，因为他是中国民族的主干，他的文化发达也最早，流传下来的也最多，所以无论是任何种类的中国历史都不能不以他的事件为主干。诸夏族的来源有人说是从中央亚洲迁来，有的说是中国土著，我们姑不具论，总之自有历史以来，这个民族业已盘踞在黄河流域的中部，即今河南省及山东省的西部，山西省的西部一带。这一带地势平衍，土脉肥沃，易于产生文化，但气候并不甚热，在古代水患也较多，故人民不能过于逸乐产生很高尚的思想，只有与生活有关的平实思想容易成立，故其思想多趋于稳健切实。这一块大平原之中，除了西方有山岭以与陕、甘一带的氐羌族（戎人）相隔离之外，南北东三面都无险可守，和异民族容易接触，南方则有苗族，后来的荆蛮不知与苗族是同种否，大约彼此接近，东方则有东夷，北方则有北狄，除北狄因环境不良，略无文化及思想可考见外，苗族及东夷的文化发展也都很早，都有独立的思想系统，可以与诸夏相交换。上古诸夏族的敌人，最初是苗族，其后是东夷。苗族自黄帝斩蚩尤于中冀，尧胜南蛮于丹水之浦以后，逐渐失败南窜至长江流域，已失了与诸夏冲突的机会。他们的思想一部分被诸夏族吸收，变成中国民族思想的一分子，大部分犹遗留于江汉之间，直到楚国开化始挟之以与中夏思想相颉颃。东夷族与诸夏族之开化时期相仿佛，地势实逼处此，彼此冲突最多，融会也最深。今日所传的种种诸夏文化及思想之中，所含东夷族思想成分最多。上古诸夏族所传的圣人，如伏羲、神农、虞舜等，多不能谓为与东夷族无关。直到大彭霸于夏末，殷商代夏而兴，淮夷、徐戎叛于周初，徐偃王称霸于西周中叶，东夷族之势力犹倔强不伏，有与诸夏族代兴之势，可见其强了。治上古中国民族思想史者，对于苗、东夷二族与诸夏族的关系，是不可不注意的。

上古诸夏民族思想是怎么样的呢？也是和其他原始民族一样，

神农

虞舜

《淮南子》

应该从神话一类的荒唐传说中去找的。中国的神话材料虽也不为不多，但于研究上古的思想上看起来，价值并不甚大，因为大部分的故事都是从战国以至汉朝才出现的。譬如，神话最多的纬书，内有关于开辟及古代史迹的神话，但全系汉朝的迁怪儒家所捏造，并不足以代表初民的思想。其次如《淮南子》中神话也最多，《淮南子》所采多系当时社会的传说，与向壁虚造者不同，故较有价值，其中如女娲补天、姮娥奔月等故事，更值得人们注意。不过《淮南子》是代表道家和阴阳家思想的书，所采撷的区域，又是在江淮流域，则此种神话之来源与阴阳家不无关系，阴阳家的思想多与诸夏的传统思想不同，具有海国的气味，与其谓为代表诸夏族，无宁谓为代表东夷族。其他《庄子》《列子》等道家的书中的神话也可以同样性质视之。故真正代表诸夏族之神话仍只能于《诗》《书》《易》等五经中求之，就中《春秋左氏传》载神怪事较多，可以考见上古诸夏族神话之一斑。

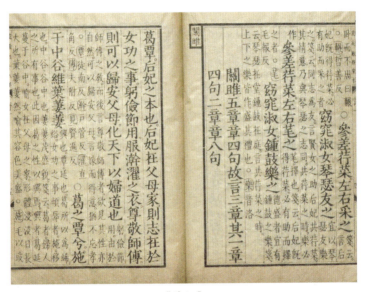

《诗经》

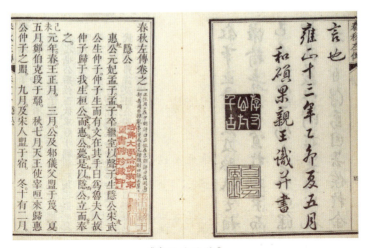

《春秋左氏传》

　　秋，龙见于绛郊，魏献子问于蔡墨曰："吾闻之，虫莫知于龙，以其不生得也，谓之知，信乎？"对曰："人实不知，非龙实知。古者畜龙，故国有豢龙氏，有御龙氏。……及有夏孔甲，扰于有帝，帝赐之乘龙，河汉各二，各有雌雄，孔甲不能食，而未获豢龙氏，有陶唐氏既衰，其后有刘累，学扰龙于豢龙氏，以事孔甲，能饮食之，夏后嘉之，赐氏曰御龙。"……献子曰："今何故无之？"对曰："夫物，物有其官，官修其方，朝夕思之，一日失职，则死及之，失官不食，官宿其业，其物乃至，若泯弃之，物乃坻伏，郁湮不育，故有五行之官，实列受氏姓，封为上公，祀为贵神，社稷五祀，是尊是奉。木正曰句芒，火正曰祝融，金正曰蓐收，水正曰玄冥，土正曰后土。龙水物也，水官弃矣，故龙不生得。"……献子曰："社稷五祀，谁氏之五官也？"对曰："少皞氏有四叔，曰重，曰该，曰修，曰熙，实能金木及水，使重为句芒，该为蓐收，修及熙为玄冥，世不失职，遂济穷桑，此其三祀也。颛顼氏有子曰犂，为祝融；共工氏有子曰句龙，为后土，此其二祀也。后土为社，稷田正也，有烈山氏之子曰柱，为稷，自夏以上祀之。周弃亦为稷，自商以来祀之。"

——昭二十九年《传》

再看《国语》中的一段，更叙得清楚。

　　古者民神不杂，民之精爽不携贰者，而又能齐肃衷正，其智能上下比义，其圣能光远宣朗，其明能光昭之，其聪能听彻之，如是则神降之。在男曰觋，在女曰巫。是以使制神之处位次主，而为之牲器时服。而后使先圣之后之有光烈，而能知山川之号，高祖之主，宗庙之事，昭穆之世……而敬恭明神者以为之祝。使名姓之后，能知四时之生，牺牲之物……坛场之所，上下之神氏姓之出，而心率旧典者为之宗。于是乎有天地神民类物之官，谓之五官。各司其序，不相乱也。民是以能有忠信，神是以能有明德。

——《国语·楚语》

以上两段中的神话观念，虽出自春秋时代的智识阶级之口，其中自难免含有后来进化的思想，但二人都是追述古代的情形，总有一部分是事实的。从这两段之中，可以看出上古思想之一斑。第一，古代人信民神是不杂的，有专门事神的官，谓之巫觋卜史宗祝，他们的位置很高，有支配人事的权力。第二，古代人信神的意思可由这些巫觋之类代达出来，所以生活很有标准，不至动摇。第三，古代人的宗教观念是多神的，他们所认为神者很多，其有无主宰统属不可深知，即有，关系也是很浅薄的，皇矣上帝的一神观念，是商周以后才发达的，上古有史之初，尚无此见解。第四，古代人之所谓神本具有人格，与人性相去不远，除了日月山川等自然物都认为有神以代表之外，凡人之有才能功烈，为生民所信仰者，死后即成神灵，受后人的祭祀。物之奇异不常者也有神性，也可以为神。以上这几种观念，本是原始民族所同具的。不过诸夏民族受环境的影响，思想至为平实，故其神的观念也至为简单，除了拜物，拜伟人之外，并无其他新奇花样。其所谓神，都是具体的人物，且系与日常生活有关的，不似希腊、印度及波斯神话之多代表抽象的哲理，这便是诸夏民族思想的特色，正可以表示出他们只是大平原中一个老实安分的民族，没有什么有余时间去胡思乱想的。

诸夏族原始的神话思想是这样的简单，所以今日流传的中国神话之中，外来的成分很多。大约如同盘古开天辟地一类的神话是从苗族中流传过来的，此外苗族的思想影响于诸夏者有多少，此时已无可深考。在古代对于诸夏思想影响最深者，要算东夷族。东夷族最古时期的思想如何，也已经不能知道，但从历史上有记载的时期起，东夷族神话思想，已经比诸夏族进步了。东夷族的散布区域是从山东半岛起，淮水流域全部都在他们的范围之内，其种族有莱夷、淮夷、徐戎等，血统大约彼此相近。东夷族的鬼神观念较为发达，诸夏族只重神而不重鬼，东夷族则鬼神并重，迷信鬼怕鬼的风气似乎很盛，用人于社是东夷的风俗，可想见其宗教之残忍好杀。大约一神的观念也是从东夷族输入的。因为上帝的观念是从商朝以后才兴起的，商朝是东夷民族，他的宗教是东夷的宗教。试看《夏书·甘誓》上夏人数有扈氏的罪状，启说他"威侮五行，怠弃三正"，而《商书·汤誓》上商人数夏人的罪状，则有"有夏多罪，天命殛之""夏氏有罪，予畏上帝，不敢不正"等语，可见对于神道的观念已经很有进步了。夏朝的历史记载流传到后世的很少，在仅有的几篇《夏书》之中，也看不出多少当时鬼神迷信的痕迹，到商朝则这种风俗显然可考。以殷墟甲骨文字为证，可以发现当时迷信鬼神卜筮的风俗很多，这种迷信，在夏时虽非没有，但绝不像商朝那样发达的。

从粗浅的多神观念的夏朝进化到一神观念的商朝，虽然也许是时代的关系，但种族的关系也不为少，研究古代中国民族思想史者，对于这两种关系都不可不注意的。

〔注〕关于商人是东夷民族及其与夏人相异之点，参看拙著《中国文化小史》（中华书局出版）及《中国民族小史》（上海爱文书局出版）。

第二章

宗教与伦理观念之进化

　　中国民族在夏以前，还在过着一种素朴的原人思想，对于宗教的观念是很简单的，除了崇拜自然、生物，和已往的伟人以外，并无若何含有高深哲理的宗教信仰，其他学理方面更无规模。现今的《尚书·尧典》《皋陶谟》诸篇虽然有很秩然的伦理观念可资研究，但以上诸篇撰作的时代尚待研究，我们与其承认这几篇书真是虞夏时代的史官所记录，无宁从梁任公先生之说，认虞夏书为周以后的人所追述者较为可信。其实上古史官与祝卜之类性质相同，并不任秉笔记载之职，尧舜的事迹，当时有何人记载？再以文体而论，《尧典》诸篇文从字顺，

《尚书·尧典》

皋陶

较之殷盘周诰之佶屈聱牙者不可同日而语，以文体变化的原则而论，《尧典》的时代也决不能早于《盘庚》。就此两端，就很可启我们对于这几篇史料的怀疑性了。

除了以上的几篇史料以外，我们若想找古代人民哲理思想的材料，就不能不从商朝以后的记载中去找。依我们看来，古代中国人民哲理思想的发达，决不会早于商朝以前。试看商汤即位以后，为着七年之旱，尚有自己剪发去爪，献于神灵作牺牲的野蛮举动，倘若虞夏之间已有很完备的哲学观念成立，则岂有数百年之后，宫廷之上，尚沿习这种野蛮的迷信举动的道理。可知当商人初代夏而兴的时候，尚未脱野蛮迷信的时代，商人固系由游牧民族突起，其文化程度较低，但为商所灭之夏人，虽早已进于农业生活，也不会比商人高至若干程度以上。如此我们假定中国民族——合诸夏族与东夷族而言——自商朝以前，尚在简单的多神信仰时代，到东夷民族的商人侵入中原，征服夏人以后，始以其本族之一神观念加入诸夏的宗教思想之中，而信畏上

尧帝

商汤

帝的习惯渐渐成立。这时候的一神教，并非严格的一神思想，不过于诸神之上设立一至尊之神加以尊奉而已，其诸夏族旧有的诸神及东夷族的诸神依然存在，于上帝之下作一属员。这就是当时的情形。

因为东夷族的商人迷信鬼神最烈，所以产生两种影响，对于后来的思想界很有关系：第一是信仰天神的风气渐渐有力，上帝的权威增高；第二是因信鬼而追念死人，祭祀祖先的习惯渐渐流行，养成后来宗法社会的伦理观念。这二者都是商人所养成的。在最初多神的时代，有没有天之一神，尚未可知，即有，想亦不过群神之一，位置未必很高。到商以后天才成为唯一的大神，谥之曰上帝，认为有宰制一切的力量。当时社会上对于上帝的观念一定是很敬畏的，上帝的权力很大，几乎和以色列人的耶和华相似，诗书之中表现这种思想的很多。

〔注〕关于古代天道的思想可参看梁任公著《先秦政治思想史》第二章。

周武王

这种信仰到商、周交替之际还是极盛。上帝是一个有人格有意志的尊神，为一切伦理规范所自出。商王武乙的射天正是当时天神崇拜极盛的反映，纣的作恶也说"我生不有命在天"，武王的伐纣也说"予惟小子，不敢替上帝命"，可见当时上帝权威之盛了。但是上帝的崇拜尽管绝对是宗教的，到了民智进步、理智发达之后，这种素朴的思想不足以维持，就不能不逐渐向抽象的、理论的方面进行。于是具体的人格化的天神，渐有变为抽象的规范化的自然法则之势。这种过渡的情形，在《尚书·洪范》中表示得最明白：

> 我闻在昔鲧堙洪水，汩陈其五行，帝乃震怒，不畀洪范九畴，彝伦攸斁。鲧则殛死，禹乃嗣兴，天乃锡禹洪范九畴，彝伦攸叙。

洪范九畴是一种人事的规范，是抽象的理论，但是怎样会突然出现呢，他是从上帝颁下来的，他是一种具体的事实，这样说才能使当时的人明白，才能适合当时的需要。纯粹具体的偶像不能压服当时的人心，纯粹抽象的理论也不能使当时的人了解，只有这样半抽象半具体的哲理性的神话，才能应付当时的事实。

从此以后，上帝的直接命令已经不能生效了，他只有依靠他所颁布的人事法典才能处理人间的事务了，换言之，专制的上帝已经变成立宪的上帝了，慢慢地他的钦布宪法也要依靠人类的手才能敷演执行了，他虽名为上帝其实已经成了人类利用的一个偶像了。这就是从具体的宗教信仰进化到抽象的伦理规范的过渡时代的情形。

鬼的迷信也是东夷族的特色，商汤的献身牺牲，周公旦的代兄请命，都是从的商俗。直到春秋时代，宋襄公尚用鄫子于次雎之社以属东夷，宋为商后，其习惯也有所自承的，因为信鬼很深，其对于死者的

周公

尊崇纪念也特别厉害，所谓慎终追远的典礼就是从此起的。纯粹的宗法社会固然自周以后才成立，但其来源却是从商代重鬼的风气起的。因为商人信鬼，所以凡人死之后都认为尚有灵魂存在，犹能为厉，若不时常加以祭祀，则这些鬼饿极了就难免要作怪，所以上自国君，下至私家，都应该有宗庙祭祀之礼。祭祀的时候，在庙前作乐，唱歌，跳舞，且以活人当作偶像，代表死者，谓之为尸。这些风气都是野蛮民族中所通行的。日久之后，民智渐开，有些聪明的人觉得单是怕鬼的一念不足以解释祭祀的意思，因之加了一层慎终追远的高尚意思。从此以后，子孙祭祀祖宗不是因为怕鬼的作怪而祭祀，只是推生时的恩情到死后的一番好意了。既然祭祀的意思改变到如此，因此人死之后只有至亲的人如同子孙才有祭祀的义务，倘若死后没有子孙，就不免"若敖氏之鬼其馁而"了。

《小戴礼·祭义》篇中有一段解释祭祀的意义很清楚：

> 宰我曰："吾闻鬼神之名不知其所谓。"子曰："气也者神之盛也，魄也者鬼之盛也，合鬼与神，教之至也。众生必死，死必归土，此之谓鬼。骨肉毙于下阴为野土，其气发扬于上为昭明，焄蒿凄怆，此百物之精也，神之著也。因物之精，制为之极，明命鬼神，以为黔首，则百众以畏，万民以服。圣人以是为未足也，筑为宫室，设为宗祧，以别亲疏远迩，教民反古复始，不忘其所由生也。众之服自此，故听且速也。"

祭祀的意义最初只为着是享鬼神，聪明的政治家利用这迷信去畏服黔首，后来才更进而发生"反古复始"的意味。研究制度史的人应该留意这种事实，研究思想史的人更应该留意这种事实。

这"敬天""敬祖"两个观念从商朝发生以后，对于当时的社会一定发生很大的影响。后来维系中国民族的根本伦理观念就是由这两个观念结合演绎而出。这两个观念本是两事，但后来却结合成为一致，为这两观念结合的枢纽者就是祭祀之礼。《小戴礼·礼运》篇说：

> 故先王患礼之不达于下也，故祭帝于郊，所以定天位也；祀社于国，所以列地利也。祖庙所以本仁也，山川所以傧鬼神也，五祀所以本事也。故宗祝在庙，三公在朝，三老在学，王前巫而后史，卜筮瞽侑皆在左右，王中，心无为也，以守至正。

将神、鬼、人、物都一并归纳到宗教信仰之内，又替他们各安置了相当的位置，这种有组织的复杂宗教观念，是人类思想进步的一种表征，在祭祀之礼中最表现得清楚。

但祭祀不过是人类对于神鬼应当尽的一种义务，还不足以推广宗教的作用，宗教所赖以发施权威直捷干涉人事者，所赖的是"巫史卜筮瞽侑"之类，而所用以沟通人类与鬼神意思的最重要的工具要算卜筮。《小戴礼·表记》篇说：

> 昔三代明王皆事天地之神明，无非卜筮之用。

卜筮事不知起自何时，但盛于商朝以后却是可信的，晚近发现的殷墟甲骨，就是当时商朝的君主占卜之用的，从里边的文字看起来，当时占卜的风气非常之盛，几乎每有举动必要问之于卜，可见一时的风气了。卜筮之初起本来全是为宗教的工具，但到后来应用日广，流传日盛，竟脱离宗教而独立成为一种信仰，于是数的思想遂与鬼神思

商代骨卜

想对立有抗衡之势，聪明的士大夫竟多有信数而不信鬼神的了。这也是思想史上的一大变迁，其机大约也始自商末，以五行作基础的《洪范》，以八卦作基础的《周易》，都是起自商末，可以为证。

总之，自商人兴起以后，始将原始粗浅的多神思想演进为有组织有系统的一神思想，以这种思想建立当时政治社会的基础，以祭祀维系他的信仰，以卜筮帮助他的运用，由此推演而成为纪念祖先的风俗，数千年来的中国社会基础由此奠基，这是商人对于后代中国最大的贡献。《表记》篇说：

子曰："夏道尊命，事鬼敬神而远之，近人而忠焉，先禄而后威，先赏而后罚，亲而不尊。其民之敝，蠢而愚，乔而野，朴而不文。殷人尊神，率民以事神，先鬼而后礼，先罚而后赏，尊而不亲。其民之敝，荡而不静，胜而无耻。周人尊礼尚施，事鬼敬神而远之，近人而忠焉，其赏罚用爵列，亲而不尊。其民之敝，利而巧，文而不惭，贼而蔽。"

夏、周两代都是"事鬼敬神而远之"，只有商人是"率民以事神，先鬼而后礼"，可见商人是个最信鬼神的民族了。宗教思想之完成于商代，实在是不足怪的事情。

第三章

神权思想之衰落与
人事观念之代兴

　　中国上古的神权政治至商朝达到极点，其时的宗教崇拜对象上有天神，中有地祇（群神），下有人鬼。生民一举一动皆须受神意的支配，丝毫不敢违背。在这种环境之下，人类是没有自由思想的余地的。这种神权思想到了商朝的末年渐渐摇动起来。武乙以帝王之尊，首先反抗上帝的迷信，敢于肆行最大的侮辱于天神，这种精神决不止是武乙一个人的狂妄心所能造成，一定有时代的思潮给他以一种暗示才能如此。虽然当时天神的权威犹在，武乙终于因为受不住当时宗教权威的压迫而被指为受天雷震死，但是贵族社会之中，有了对于天神怀疑的心理，却是不可掩的事实。从此以后，聪明的贵族虽然不敢公开反抗当时普遍的神权政治，却有人用和平的手段，慢慢改革神权的思想，一步一步引导迷信无礼的神意使之进于有条理的人事规范之内。代表这种趋势最显著的作品，就是《洪范》和《周易》。

　　《洪范》据说是箕子向周武王陈述的理论，大约有几分可信，总之至早不能过于周初。"洪范"就是宇宙大法的意思，内容全是较有系统的哲理谭，是中国最古的一部

箕子

有关思想的著作。他的著作托始
于禹，据说是天因为禹治水有功
所以锡以"洪范九畴"，这种神
话与《旧约》上摩西在西奈山受
十诫于上帝的故事极相似，自然
不足深信。但是这种神话却是很
有意义的。在效力一方面看起来，
若是凭空撰著一篇理论拿来劝化
世人，在那个神权发达的时代是
不会发生效力的，不但不能发生
效力，恐怕还要被指为渎神非法
受了刑罚，唯有这种神道设教的
办法才能压服人心，推行新制而
有余。不过在当时创说的人还未
必是有意的神道设教，只是由一
种半理智半迷信的动机所催促而
成的罢了。在他一方面从内容的
意义看，这是神意和自然法则结
合一致的观念所由发轫。人类对
于自然界加以理智的解剖的最初
一幕是很值得令人注意的。

　　《洪范》是一篇有系统的著
作，他的内容纲要见于开首的
一段：

摩西

禹

初一曰五行，次二曰敬用五事，次三曰农用八政，次四曰协用五纪，次五曰建用皇极，次六曰义用三德，次七曰明用稽疑，次八曰念用庶征，次九曰向用五福，威用六极。

董仲舒

全篇只是以自然的现象及法则为标准，以之施用于人事。这种天人相感之说到了周朝很是盛行，春秋时代的贤士大夫多有怀抱这种思想的，儒、墨两家的思想都受他的影响。到了战国，人智大开，遂不复为人所信。只有西汉董仲舒一派的迂儒尚想恢复此种思想，但已不能生效了。

《洪范》所及于后世影响最深的思想还是他的五行说，五行是什么呢？"一曰水，二曰火，三曰木，四曰金，五曰土"。这本不过是举出自然界五种人所常用的物质之名而已，本来无甚稀奇。不过《洪范》是有意解释宇宙法则而作，开首即举此五种物质，必有认此五种物质为宇宙根本原行之意，希腊的哲学家以"水、火、空气、地"为四种原行，印度的哲学家也以"地、水、火、风"为四大，与《洪范》五行的意思似乎相同。大抵未开化的人类对于具体和抽象事物的界限常分不清楚，因此五行虽是指五种物质，却是包涵抽象的法则在内。《洪范》解释五行，就有"水曰润下，火曰炎上，木曰曲直，金曰从革，土爰稼穑"等语，是从性质的方面解释五行，就含有抽象的意义。底下又以五味分配五行，抽象的意义更显然了。以后的"五事""八政""五纪""三德""稽疑""庶征""五福"等数目范畴，虽没有明白以之分配于五行之中，但彼此的关系却不能谓为绝无。到了战国时代，阴阳家以之采用于其学说之内，遂渐渐流传于社会，汉朝的儒者和方士更大加附会一番——或者《洪范》也许是经汉儒润色过的——从此五行之说遂成为中国士大夫和民间公认的信仰，成为支配一切自然界和人事界的公共大法，所谓"五色""五音""五味""五脏""五官""五方""五……"等名词，层见迭出，上帝则有"五帝"，天子代兴则有"阴阳终始五德之说"，医生诊病则有"五行生克之理"，几乎政治社会万事万象都无不以五行说为基础了，《洪范》思想之影响于后世有如此者！

五行相生相克图

与《洪范》有同等势力的著作就是《周易》。《周易》的撰集不知始于何时，大约也是商朝末年的作品。《易·系辞》说："《易》之兴也，其当殷之末世周之盛德邪？当文王与纣之事邪？"又说："《易》之兴也，其于中古乎，作《易》者其有忧患乎。"大抵《易》本是当时卜筮的书。商代卜筮之风极盛，《洪范》上说：

> 七稽疑，择建立卜筮人……乃命卜筮……汝则有大疑，谋及乃心，谋及卿士，谋及庶人，谋及卜筮……龟筮共违于人，传皆逆，用静吉，用作凶。

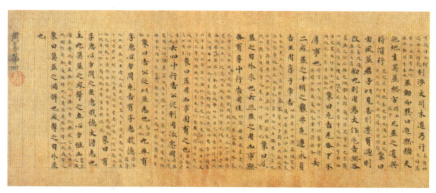

《周易》敦煌写本（局部）

且流行于春秋时代，故在哲学史上的位置比《洪范》还高。

《周易》后来的注解极多，有从义理讲的，有从卦象讲的，异说纷纭，莫衷一致。据我们今日看来，《周易》在当时不过是一种社会上流行的卜筮之书，其文辞皆是随手纂集——"十翼"是春秋以后人的著述，与其他解《易》诸家著述一样，与《易》的本经无干——并无深奥的意思，也没有系统的哲理思想寓在里面，其价值远逊《洪范》。八卦之名当系古代相传的一种占卜的专名词，其来源或者甚古，但起于偶然，非如《洪范》五行之为有意的排列。至商末流行既广，有学问的人拿来加以研究，才每卦中更附加许多有意义的文字，但也都是就卦象取义，并没有什么根本一致的系统思想，当时《周易》的进化止于如此。直到春秋以后，人类的眼光越进步，哲学思想越发达，才纯粹拿哲学来解释《周易》，"十翼"的著作当在此时期以后。

我们现在研究《周易》的本经，只能得到几点结果。第一，可以想见商代卜筮之风是极盛的，《周易》不过是当时流行的许多卜筮方法中之一种，在当时未必占很重要的位置，经过西周数百年的竞争，位置渐渐提高，到了春秋时代所可考见的列国占卦的方法，就几乎只有照《周易》的方法，其余"连山""归藏"以及许多无名的方法，就都受淘汰而散佚了。第二，《周易》并无系统的哲学思想，故从中研究不出甚么很高深的理论，但从片段的文字中，可以看出当时一般社会的状况，以及当时的社会思想的程度，可惜这个工作现在还没有人去做。第三，《周易》的本身虽然无甚哲理，但经后人的推衍附会，哲理的程度逐渐增加。即如后人相传象辞是周文王所作，象辞是周公所主，系辞是孔子所作，虽不可信，

周文王

大约象、象起于商末周初，系辞出于战国的儒家之手，是有几分可信的。

自秦、汉以后，《周易》列于六经，有专门的经师为之注解，遂在中国的哲学界占了很高的位置。二千年来，易学的研究大抵有三大变，汉朝的经师承春秋战国儒家之旧，仍拿《周易》当作卜筮的书，故研究注重在爻辰气象的变化方面，在当时谶纬妖言的空气中，《周易》因为本身含有神秘意味，故其附会也最容易，汉朝的易大半都是方士易，可以说是犹甚近古，至于在思想界的影响还不及《洪范》五行说的势力大。到了三国时代，王肃用老庄思想来解《易》，于是易学才一变；晋宋六朝，清谈家《老》《易》并称，易学乃变为纯正哲学；唐初孔颖达作疏，亦折衷汉、晋两朝之说，这是又一个时代。五代宋初，陈抟一派的道士发明太极图，将《周易》又加一番附会，周、程等宋儒从此一转手，遂告成宋儒的理学，这又是一个时代。后两个时代——晋、宋——《周易》在思想界的影响极大。

《洪范》和《周易》都是商末周初的作品，拿二者比较起来，以

本身讲，《洪范》为较有系统的古代哲学谭，而《周易》则不过通俗的卜筮书而已。就应用讲，《洪范》仅供学者的研究，《周易》则通行于上下流社会，应用较广。就对于思想方面的影响言，《洪范》五行之说，自战国末年迄于东汉，甚为流行，但自魏、晋以后，就渐归消沉；《周易》阴阳八卦之说，战国、秦、汉时代已为阴阳家及儒家采用，但不过是五行说的附属品，直到魏晋以后才成为中国哲学上唯一的根据，其影响及成就之大，就远非《洪范》所可及了。

第四章

宗法社会思想之圆满的发展

中国古代的思想界从周朝以前尚在神权时代，从周朝以后才渐入于人权时代。周朝人权政治的中心就在家族制度，这种以家族为基础的伦理思想自春秋以后，经儒家的发扬传布，遂成为中国三千年来思想的中心，而其机实启之于周。

家族思想托始于"敬祖"之一念，敬祖观念乃由商人的信鬼风气递变而来，我们在第二章业已说过。人类的崇拜祖先最初仅由于恐怕死鬼作怪的一念，其后人智进步，知道死者是自己的亲属，怕是可以不必，但推生及死，亲爱的观念油然而生。因之同一以祭礼表现的敬祖行为，礼文虽然照旧，礼意却已变了。慢慢的由死者再推及生者，于是组织圆满的宗法思想遂成立了。

这种宗法观念的具体表现就是"礼治主义"，后来的儒家对于此点发挥的最圆满，但他们并不认为是自己的主张，多数都托之于周朝的旧制，尤以周公旦的被附会为最甚。我们现在固然知道儒家所举的许多礼意礼文，不一定就是周朝的定制，但我们不能完全否认宗法社会的组织和思想是由周朝起就已发达的。《左传》上说"鲁犹秉周礼"，可见周朝自有礼制，与后世相传的未必过远。再看封建制度在周初业已成立，周朝的封建制度正是根据于宗法社会"亲亲"的观念而设的，可见宗法思想至少在周初已经发达了。

《礼运》上有一段述孔子言礼之起源颇有意义：

言偃复问曰:"夫子之极言礼也,可得而闻与?"孔子曰:"我欲观夏道是故之杞,而不足征也,吾得《夏时》焉;我欲观殷道是故之宋,而不足征也,吾得《坤乾》焉。《坤乾》之义,《夏时》之等,吾以是观之。夫礼之初,始诸饮食,其燔黍捭豚,污尊而抔饮,蒉桴而土鼓,犹若可以致其敬于鬼神。及其死也,升屋而号,告曰皋某复,然后饭腥而苴孰,故天望而地藏也。体魄则降,知气在上,故死者北首,生者南乡,皆从其初。昔者先王未有宫室,冬则居营窟,夏则居橧巢,未有火化,食草木之实,鸟兽之肉,饮其血,茹其毛,未有麻丝,衣其羽皮。后圣有作,然后修火之利,范金合土,以为台榭宫室牖户,以炮,以燔,以亨,以炙,以为醴酪,治其麻丝以为布帛,以养生送死,以事鬼神上帝,皆从其朔。故玄酒在室,醴盏在户,粢醍在堂,澄酒在下,陈其牺牲,备其鼎俎,列其琴瑟管磬钟鼓,修其祝嘏,以降上神与其先祖,以正君臣,以笃父子,以睦兄弟,以齐上下,夫妇有所,是谓承天之祜。作其祝号,玄酒以祭,荐其血毛,腥其俎,孰其殽,与其越席,疏布以幂,衣其浣帛,醴盏以献,荐其燔炙,君与夫人交献,以嘉魂魄,是谓合莫,然后退而合亨,体其犬豕牛羊,实其簠簋笾豆铏羹,祝以孝告,嘏以慈告,是谓大祥,此礼之大成也。"

后世宗法社会圆满发达后的礼文虽多,虽有"礼仪三百,威仪三千"之说,但根本的起源却由于敬鬼神之一念,礼虽有五种——吉、凶、军、宾、嘉——但祭礼却是一切礼的核心,从上引的一段文字中可以看出来。《礼记·祭统》篇也说:

凡治人之道莫急于礼,礼有五经莫重于祭。……祭者所以追

养继孝也。……是故君子之教也，必由其本，顺之至也，祭其是
与！故曰：祭者教之本也已。夫祭有十伦焉，见事鬼神之道焉，
见君臣之义焉，见父子之伦焉，见贵贱之等焉，见亲疏之杀焉，
见爵赏之施焉，见夫妇之别焉，见政事之均焉，见长幼之序焉，
见上下之际焉，此之谓十伦。

宗法社会的伦理观念尽于以上的"十伦"，而十伦却全包括于祭
义之内，可见祭在古代的重要了。也可见"敬祖"一念是宗法社会思
想的根源了。孔子说：

明乎郊社之义，尝禘之礼，治国其其如指诸掌而已乎。

——《礼记·仲尼燕居》篇

《祭统》篇也说：

故曰：禘尝之义大矣，治国之本也，不可不知也。

这种思想在不明白宗法社会组织的人想起来，是绝对不会了解的。
宗法社会的组织越发达，礼的功用就越大，不是一个简单的祭礼
所能包括的了，于是有许多独立的礼演进出来。

故朝觐之礼所以明君臣之义也，聘问之礼所以使诸侯相尊敬
也，丧祭之礼所以明臣子之恩也，乡饮酒之礼所以明长幼之序也，
婚姻之礼所以明男女之别也。……故婚姻之礼废则夫妇之道苦而
淫辟之罪多矣，乡饮酒之礼废则长幼之序失而争斗之狱繁矣，丧

祭之礼废则臣子之恩薄而倍死忘生者众矣，聘觐之礼废则君臣之位失诸侯之行恶而倍畔侵陵之败起矣。

——《礼记·经解》篇

一切社会组织、政治组织，都以礼之一字贯串之，这是宗法社会思想的极致，后来的儒家有几派便全是代表这种思想的。

最圆满的宗法社会思想，更能在他的本身组织中表现出来。在宗法社会中政治与社会是没有分别的，社会与家族也没有分别的，因此政治的首领就是家族的首领，其中维系的根本精神全在"亲亲"一念。这种制度大约也是从周朝起才发达的，因为周朝以前，中国民族尚在神权时代，政治全是神权政治，君主是神的代表，所处的是宗教师的地位而不是家长的地位，商朝的历代君主乃至周文王、武王都有这种气象。真正亲亲本位的宗法社会组织乃是从周朝以后才发达，观于政治组织进化到封建政治就是本亲亲之义而设，可见自此以后和自此以前是一个大变局。这个变局的枢纽正当周公旦的时代。后儒以周公的制礼作乐开创一代的规模当作嘉话，虽未免有箭垛式的附会在内，但孔子已说道"周公之才之美"，又常常梦见周公，可见周代的制度必经周公手订者为多，周公是具有宗法社会圆满思想的最早的人物。

宗法社会的组织是怎样呢？《礼记·大传》篇讲得最明白，我们且节引在下面：

礼不王不禘，王者禘其祖之所自出，以其祖配之。……上治祖祢，尊尊也，下治子孙，亲亲也，旁治昆弟，合族以食，序以昭穆，别之以礼义，人道竭矣。圣人南面而听天下，所且先者五，民不与焉。一曰治亲，二曰报功，三曰举贤，四曰使能，五曰存爱，五者一得于天下，民无不足，无不赡者；五者一物纰缪，民莫得其死。圣人南面而治天下，必自人道始矣。立权度量，考文章，改正朔，易服色，殊徽号，异器械，别衣服，此其所得与民变革者也。其不可得变革者则有矣。亲亲也，尊尊也，长长也，男女有别，此其不可得与民变革者也。同姓从宗合族属，异姓主名治际会，名著而男女有别。其夫属乎父道者，妻皆母道也，其夫属乎子道者，妻皆妇道也，谓弟之妻妇者，是嫂亦可谓之母乎。名者人治之大者也，可无慎乎。四世而缌服之穷也，五世袒免，杀同姓也，六世亲属竭矣，其庶姓别于上，而戚单于下，婚姻可以通乎。系之以姓而弗别，缀之以食而弗殊，虽百世而婚姻不通者，周道然也。服术有六，一曰亲亲，二曰尊尊，三曰名，四曰出入，五曰长幼，六曰从服。……自仁率亲等而上之至于祖，名曰轻；自义率祖顺而下之至于祢，名曰重。一轻一重，其义然也。君有合族之道，族人不得以其戚戚君位也。庶子不祭，明其宗也，庶子不得为长子，三年不继祖也。别子为祖，继别为宗，继祢者为小宗，有百世不迁之宗，有五世则迁之宗。百世不迁者，别子之后也，宗其继别子之所自出者，百世不迁者也。宗其继高祖者，五世则迁者也，尊祖故敬宗，敬宗尊祖之义也。……自仁率亲等而上之至于祖，自义率祖顺而下之至于祢。是故人道亲亲也，亲亲故尊祖，尊祖故敬宗，敬宗故收族，收族故宗庙严，宗庙严故重社稷，重社稷故爱百姓，爱百姓故刑罚中，刑罚中故庶民安，庶民安故财用足，财用足故百志成，百志成故礼俗刑，礼俗刑然后乐。诗云："不显不承，无斁于人斯。"此之谓也。

"亲亲故尊祖，尊祖故敬宗，敬宗故收族……礼俗刑然后乐。"

这是宗法社会中最圆满发达的理想。这种理想虽是经过后来儒家托古改制后才更加圆满，但根本精神所在却不能说非得之于周朝的制度。我们现在无从考见周初一般社会的真正思想，就不能不拿儒家的叙述当作一种可供研究的材料了。

不过儒家的传说究竟不免有几分附会之处，就各种记载中看起来，周初的政治也并不是纯粹以亲亲为本的宗法政治，对于刑罚威力等还是很注重的。《左传》上记鲁大史克的话说：

> 先君周公作誓命曰："毁则为贼，掩贼为藏，窃贿为盗，盗器为奸。"……有常无赦，在九刑而不忘。
>
> ——文十八年《传》

《逸周书》也说：

> 维四年孟夏，王命大正正刑书。……太史筴刑书九篇以升授大正。
>
> ——《尝麦》

可见周初已有法律成立，法律思想必已略有端倪，决不能像儒家所想象的那样纯粹不杂的宗法政治了。

第五章

贵族社会中的
一般思想

从西周中叶起一直到春秋末年，这五百多年之中，可以说是贵族政治极盛的时代。贵族政治在今日看起来是保守的，但在当时却是比较进步的。中国上古的政治和社会，在夏以前还是一种纷纭割据的部落时代，思想上也是一种低级的多神主义，直到商人以游牧民族侵入中国，武力比较强悍，中央政府才较有威力，思想上也由多神信仰进而至于一神信仰，这是一种进步。到周人以西方民族征服东方民族，武力更强，又采用封建的制度，将亲属分封于各要地以监视土著民族，中央政府的力量才更强些。思想上也由神权主义进而至于以亲亲为本的宗法思想，这更是一种进步。从周初又经过了三四百年，世变一天比一天的急，政治社会都不能保持固有的状态，思想上自然也不免发生变化。大约从周厉王时代起，当时的人对于固有信仰已经发生怀疑的思想。《诗·小雅·雨无正》篇说：

　　浩浩昊天，不骏其德，降丧饥馑，斩伐四国。昊天疾威，弗虑弗图，舍彼有罪，既伏其辜，若此无罪，沦胥以铺。

《巧言》篇也说：

　　悠悠昊天，曰父母且，无罪无辜，乱如此怃。昊天已威，予慎无罪；昊天泰忧，予慎无辜。

从前的诗人对于上帝的权威非常的信仰，《诗·大雅》里面，如"皇矣上帝，临下有赫""昭事上帝，聿怀多福"等语，层见迭出，到了这个时候，政纲紊乱，赏罚颠倒，向来所信仰的天意竟一些也不灵验起来，有智识的人自然要怀疑天意的不可信了。这时代的社会是什么情形呢？《小雅·大东》篇说得好：

　东人之子，职劳不来，西人之子，粲粲衣服。舟之人子，熊黑是裘，私人之子，百僚是试。

贵族们所一向凭恃的阶级制度，竟不能牢固不破了，舟人之子，私人之子，都是不列于贵族的，现在也居然有参政的机会了，这焉能不令当时的君子人慨叹不已呢？厉王的被流于彘，大约是由于当时平民的暴动，暴动之后建设了共和政治，以毫无经验的平民，骤然干预政治，自然不免有种种不满人意的状况，《大东》等篇大约出于此时。自此以后，平民参政因无经验而失败，政权不得不复归之于贵族之手，但经此一番教训，贵族们深知平民意见之不可侮，民本思想遂渐渐由有智识的贵族们代为传布，普及于智识阶级的社会了。

我们若研究这时代的思想概略，可以从《国语》《左传》等书中得到一些材料，虽然也并不很多，但较之商、周以前的史迹，却较多而且较可靠了。从这些材料上我们可以看出当时贵族思想的一斑来，至于普通平民的思想此时尚无所表见。

当时贵族社会的思想大约有以下几种特色：

第一是不语怪力乱神的人本主义。商、周以前，一般社会思想尚在神权时代，对于宗教的敬虔心极深，自西周中叶以后，人智渐开，对于神权渐生怀疑，上引《诗经》诸篇就代表此种思想。神权既然隳落，于是不得已人力起而代之，春秋时代此种思想到处可见。《左传》昭十八年，郑子产斥裨灶好言天道之非，说：

> 天道远，人道迩。非所及也，何以知之？灶焉知天道，是亦多言矣，岂不或信？

《国语》观射父答楚昭王的问道：

> 古者民神不杂。……于是乎有天地神民类物之官，是谓五官，各司其序，不相乱也，民是以能有忠信，神是以能有明德。民神异业，敬而不渎，故神降之嘉生，民以物享；祸灾不至，求用不匮。及少皞之衰也，九黎乱德，民神杂糅，不可方物。……民渎齐盟，无有严威，神狎民则，不蠲其威。嘉生不降，无物以享，祸灾荐臻，莫尽其气。

当时有智识的人对于神话已不再相信，客气一点的则说神人应当分离，不可相混，不客气的竟说天道不可知了。

天道既然不可信，那么拿什么标准来代替神权呢？就普通则曰人，对政治言则曰民。《左传》上说：

> 夫民神之主也，是以圣王先成民而后致力于神。
>
> ——桓六年《传》季梁语

国将兴，听于民；将亡，听于神。神听明正直而壹者也，依人而行。

——庄三十二年《传》史嚚语

妖由人兴也，人无衅焉，妖不自作；人弃常则妖兴，故有妖。

——庄十四年《传》申繻语

这都表示神并不能自立，是依人而行的，人意就是天意，人事藏则自然受天之福，不必再去求神拜佛。因此国家的兴亡，人事的成败，都可以事理推之，不必但求之于渺茫的神意，因为神已经理智化了，已经成了人事理法的代表了。《国语》上说：

天道赏善而罚淫。

——《周语》单襄公语

又说：

柯陵之会，单襄公见晋厉公视远步高……单子曰："君何患焉，晋将有乱……"鲁侯曰："……敢问天道乎？抑人故也？"对曰："吾非瞽史，焉知天道。吾见晋君之容而听三郤之语矣，殆必祸首也。"

——引同上

可见天道不远，就在人身，是可以拿人世的道理推得的。

这时候对于鬼神虽仍有相当的崇拜，但也都给他加以理智的解剖，不复为盲目的信仰，所谓神者都使之与人事发生关系，仍是以人为本。

《国语》上说：

> 海鸟曰"爰居"，止于鲁东门之外三日，臧文仲使国人祭之。
> 展禽曰：越哉臧孙之为政也……夫圣王之制祀也，法施于民则祀
> 之，以死勤事则祀之，以劳定国则祀之，能御大灾则祀之，能扞
> 大患则祀之。非是族也，不在祀典……凡禘、郊、祖、宗、报，
> 此五者国之典祀也。加之以社稷山川之神，皆有功烈于民者也；
> 及前哲令德之人，所以为明质也；及天之三辰，民所以瞻仰也；
> 及地之五行，所以生殖也；及九州名山川泽，所以出财用也；非
> 是不在祀典。
>
> ——《鲁语》

照展禽的话看来，神的存在几乎是以于人有用与否为判，这真是
极端的人本主义了。因为凡事以人为本，而人的观念本是通"君子""小
人"两阶级而共用的，因此四海一家，一视同仁的观念早已养成。民
本主义遂因之也发达起来。以民为本的思想在中国本发达较早，《尚
书》上如"古我前后，罔不唯民之承"（《盘庚》），如"庶民唯星，
星有好风，星有好雨"（《洪范》），如"天畏棐忱，民情大可见"
（《康诰》），如"天视自我民视，天听自我民听"（孟子引《泰誓》）
等语层见迭出，但当时所谓民者，是否专指贵族，抑或兼包平民而言，
尚不可知。到西周末年，此种重民的思想，遂更发达。《国语》召公
谏周厉王止谤说：

> 防民之口，甚于防川。川壅而溃，伤人必多，民亦如之。是
> 故为川者决之使导，为民者宣之使言。故天子听政，使公卿至于

列士献诗，瞽献典，史献书，师箴，瞍赋，矇诵，百工谏，庶人传语，近臣尽规，亲戚补察，瞽史教诲，耆艾修之，而后王斟酌焉。是以事行而不悖。民之有口也，犹土之有山川也……夫民虑之于心而宣之于口，成而行之，胡可壅也。若壅其口，其与能几何？

此文所谓民，明含庶人在内，可见是兼指贵族与平民而言，据今日流传的《诗经·国风》而观，其中也确有许多是真正平民的作品，可见当时阶级的区别并不甚严。周厉王终究因为压迫人民过甚而被驱逐，驱逐厉王的主动势力当然还是贵族，但未必不利用平民作为驱除的工具。

春秋以后，这种思想更为普遍。《国语·周语》记内史过说："先王知大事之必以众济也，故被除其心以和惠民。"又记单穆公的话说："民所曹好，鲜其不济也；其所曹恶，鲜其不废也。故谚曰：'众心成城，众口铄金。'"《楚语》记子革的话说："民，天之生也，知天必知民矣。"《左传》成公六年传："或谓栾武子曰：'圣人与

《国语》

众同欲，是以济事，子盍从众？子大为政，将酌于民者也。'"襄公二十二年传："郑人游于乡校以议执政，然明谓子产曰'毁乡校如何'，子产曰：'何为？夫人朝夕退而游焉，以议执政之善否，其所善者，吾则行之，其所恶者，吾则改之，是吾师也。若之何毁之？'"民本主义竟成为当时贤士大夫公认的信条了！

不过当时的民本主义并不是像今日共和政治以人民为主体的一样，不过是一种贤君良相的保育政策而已。《国语》上说："君也者将牧民而正其邪者也。"《左传》上说："良君将赏善而刑淫，养民如子，盖之如天，容之如地。""保民""养民"，当时的民本主义所期望者不过如此而已。而且当时的贤士大夫虽然竟言重视人民，但实际上政权仍是操之于少数贵族之手，通春秋一代都是如此的。

在这种贵族政治之下，理想的政治标准是德治主义而并不是多数政治的民本主义。《左传》成公六年传：

> 或谓栾武子曰："圣人与众同欲，是以济事，子盍从众？"……武子曰："善钧，从众。夫善众之主也。"

这一段话表示德治主义的思想与多数主义的思想不同之点，很是明白。《国语》和《左传》上记载当时贤士大夫崇尚德治的言论很多，现在不能备引，总之我们知道德治的理想是当时一种有力的思想且影响于后世罢了。

第六章

学术的解放与
思想的分化

　　上古的思想何以但发现于贵族社会而不普及于平民呢？因为古代学术是秘密的，不公开的。最古时代只有巫史宗祝之类才有学问的义务和权利，此外不但平民，就是贵族也只晓得战争武事，而不以学问为意的。古代民族的传说故训全赖这些巫史宗祝们代代口传保存下来，贵族们有不懂得的事就去问这些巫史宗祝们。这是一个时代。到后来社会日渐趋于安定，战争的事较少，贵族们有了余裕去从事别的事情，才有渐渐留心学问的。又因列国并立，彼此的接触频繁，贵族们的智识日渐扩大增高，遂有了独立学问的能力，那些旧日的巫史宗祝转形退化了。这又是一个时代。贵族社会的智识普遍之后，就有些式微的贵族，降身于平民之中，以其智识传授给平民，加以国际的竞争日烈，各国都想拔擢人才以改进政治，贵族中又互相倾轧排挤，都想与平民接近以取得政权，因此平民的地位日益增进，智识学问也就渐与贵族有同等享受的机会了。

　　春秋的末年，贤士大夫们讲求学问，议论故实的风气已经很盛行了。试就《左传》《国语》所记载的而言，如周之单襄公、单穆公、苌弘，晋之羊舌肸，齐之晏婴，楚之观射父，吴之季札，郑之子产、裨灶等，都是博学而好议论的人，他们的言论风采为天下所仰望，影响于当时的人心不少。当时的平民耳濡目染，也未尝无一二有智有学能够自己表见的，如与晋伯宗论梁山崩的重人，如用隐语述年纪的绛

晏婴

子产

县老人，都是平民中之有才学者，不过为数不多罢了。

　　平民的正式有了公开学问的机会由于自由讲学制的兴起，而最初提倡自由讲学者要推孔丘。在孔丘以前有无自由讲学的制度，不可得而知，但史籍上信而有征的讲学制度却要从孔丘起首。孔丘是宋司马孔父嘉之后，也算是个贵族，但沦于平民之列已经好久了。孔丘曾自云"丘少也贱"，孟轲说他曾为委吏乘田，可见已与平民无异。他以一身具贵族、平民两种资格，故深适宜于为两阶级过渡时代之模范人物。当时

孔子

孟轲

学问尚系贵族社会的专有品，平民想求得学问很是困难。孔丘因为是贵族后裔，所以尚有资格与闻学问。他自身又是个极好学不耻下问的人。他因为政治上不得意，遂周游列国，遍观百二十国宝书，所至与其国之贤士大夫交游，问礼于老聃，问乐于苌弘，他的师友很多，所以学问也很博。他既以一身尽取贵族社会所有的学问而学之，及至周游既倦，所

如不合之后，乃重返鲁国，修诗书，定礼乐。又毅然提倡讲学之风，设教于杏坛，公开讲学，门下弟子至三千人，平民甚多，如颛孙师出身驵侩，颜涿聚出身大盗，是其明证。自孔子开辟了这个风气之后，不但他的弟子遍布列国，到处聚徒讲学，传布师门宗旨，就是其他宗派也闻风而起，如墨翟就是一例。从此学术公开，思想解放，新气运遂一发而不可遏了。

自由讲学风气之开辟，以孔、墨两子的功劳最大，后来讲学问者亦以两家的门徒为最多。此外稷下之士三千人，开阴阳、纵横两家之端，也算于自由讲学之风有帮助的。大抵同一自由讲学，儒家取的是教育家的态度，墨家取的是宗教家的态度，阴阳家取的是研究家的态度。不过无论态度如何，总之不能不聚众，不能不有言论或著述表见，思想界就不能不受影响了。此外道、法两家，似乎不闻有聚众讲学之事，因为道家主张个人主义，喜欢独善其身，不求其思想之传布；法家则专靠政治以贯彻其理想，重政而不重教，故亦不蹈讲学的风气。

孔子弟子颜渊

孔子弟子曾参

但两家都有著述，为世人所传习，其末流亦有私相讲习其理论者，师徒授受之风仍不能免，思想界也因之越发达了。

关于战国时代中国学术思想界的情形，以前如《庄子·天下》篇，如《荀子·非十二子》篇，如《史记》司马谈论六家要指，如《汉书·艺文志》举九流十家，近人如胡适之先生的《中国哲学史大纲》上卷，

《庄子》郭象注敦煌写本（局部）

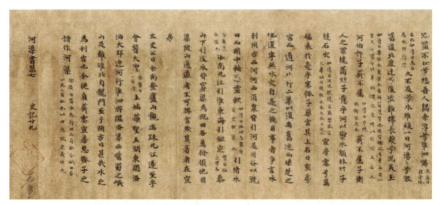

《史记》写本（局部）

如梁任公先生的《先秦政治思想史》，都已言之甚详，我们在这本小
册子里不能多述，读者自可参考上列各书。我们这里只能将当时思想
界分野的情形大概叙述一番。

自春秋以前，中国每一时代的思想可以说都是统一的，因为当时
学问不公开，懂得讲学问者不过寥寥几人，所学者也全是先王的故训
以及社会公认的信条，并没有什么新颖的意见发生，兼之当时思想简
单，流传也很难，不容易有什么系统的意见成立。既无系统思想，就
无冲突，因之也没有思想上的分化。直到自由讲学制成立后，学者求
学容易，闻道者日多，才有派别分化出来。所以直到战国，中国思想
界的分野才显明出来。

据《汉书·艺文志》之说，战国的九流十家似乎都出于周官所守，
近人有驳此议论的。大抵古代学术集中于王官，不公开之于大家，《汉
书》说学术出于王官是不错的。不过战国诸子的思想都是自己发明，
并非由古代思想中偷窃而来，《汉书》上说什么某家者流出于某官，
就未免太凿了。

《汉书》虽然举出九流十家之名，但依我们看来，思想确能独立，
且有系统，能自成一家，且有影响于当时及后世者，只有儒、墨、道、

法、阴阳五家，其余对于思想界的影响很小。

五家之中最先发达是儒、墨两家。儒家更为早出，后人说孔丘集大成虽不尽然，但儒家却可说比较的是承受古代中国民族的正统思想。因为在各派思想之中，儒家的创始者孔丘出世最早。他生存的时候，还在贵族社会将衰未灭的时候，孔丘生于贵族社会环境之中，虽因为个人的聪明才智取有许多新开拓的思想，但终因时代和环境的限制，不能脱尽古代贵族社会的传统思想。我们可以说孔丘的思想行为都是贵族社会中的模范，他算是集贵族社会思想道德之大成。因为他的思想是受贵族社会的影响很多，因此他对于中国古代的传统思想道德不但不能抛弃，而且努力想去保存恢复。他自命为"述而不作"，这正是贵族社会中普通的主张。因此他的思想与古代传统思想相去不远，他对于古代传统思想的了解也最深，所以我们可以说他的思想是承受古代中国民族的正统思想。后来的儒家虽然派别很多，但根本精神与孔子相同，只有孟、荀两家稍特别点。

孔丘生时，学问著述的风气尚未开，故他本人并没有留下什么系统的著述，只有他手定的五经，和门弟子追记他生平言论的《论语》，可供我们研究他的思想之用。五经之中，《春秋》经他笔削，更能表见他的理想。大抵在五经中表现的是他对于政治社会的理想，在《论语》中表现的是他对于个人修养道德的理想。他对于政治社会的理想

《论语》写本（局部）

并不能脱去当时贵族社会所谓贤士大夫的一般见解，只是梦想恢复秩序井然的贵族政治和宗法政治，他生平景慕周公，也就是这个道理。这个意见他死后为多数儒家所鼓吹，造成了"礼"治的中心思想，对于中国思想及文化界的影响很大。他对于私人道德的理想，是以"仁"为中心，"仁"就是同情心，孔丘很重视这种同情心，想拿这同情心作个人修养的标准。孔子当日讲"仁"不过是为个人修养起见，并无远大的理想，但在他身后经一部分儒家鼓吹，渐渐为人所重视，到孟轲起来更加以发挥。同时又影响到墨家，造成墨翟的兼爱非攻主义。不过这都是孔丘身后的事情，孔丘生时必料不及此。

近人有以"大同""小康"解释儒家的派别，自然不免有许多牵强附会之处，但孔丘生时其主张之"仁"与"礼"已不免有自相矛盾之处。孔丘死后，弟子中没有什么有大力气的，只有曾参较年少，卜商较老寿，二人都是拘谨的人，因此后来的儒家就是拘谨一派为多。这一派断断讲一个"礼"字，又添出一个"孝"字来。他们讲"礼"字只讲到仪文节数许多细微小节上，现在的《大戴记》《小戴记》中有许多篇可以代表他们的思想。他们讲私人道德则以"孝"代"仁"，将泛爱万物的伦理道德缩小到家庭父子之间去。这都是惹起墨家反响的原因。

另外一派的思想以"仁"字为出发点，推之于天下万物，想拿来建设一个理想政治，与墨家思想较相近。这种理想在孔丘身后的儒家中似乎并未发达，只有《礼运》中略见一点端倪。后来的孟轲也没有这种气象。所以这种理想在儒家中只可说是"昙花一现"。

儒家后来派别中最有影响于后世的自然要推孟轲、荀况两家，但孟、荀其实都是儒家的别派，他们各有自己思想的出发点，并不尽依傍在孔丘门户之下的。孟轲思想的出发点在发展精神生活，他以为养

其大体则小体自然充实，这种
主张与孔丘的精神相似，与其
他儒家却不相同。孔丘身后许
多儒家被讲礼讲得头昏了，全
注重了此枝叶末节，忘记了根
本所在，孟轲出来提倡个人的
精神生活，振臂一喝，才使儒
家有了新气象。他的思想确能
超出贵族社会的思想，而建设
一种新人生观。他的学说在当
时似乎影响不大，但宋、明以
后的儒者极受他的影响。荀况

荀况

是以人性为恶的，故他不主张精神生活，而主张客观标准的礼治。但
他的所谓礼与孔丘身后诸儒所讲的礼意思已经大不相同。他是主张要
"法后王"，要"戡天"的，因此他的礼只是一种因时制宜的礼，而
决不是其他儒家所断断计较的什么先王之礼。荀况的礼已近于法家的
所谓法，这是时代进化的自然结果。

　　儒家孟、荀两派都有特别气象，但其传都不广，大多数的儒者还
是牢守战国初年的拘谨家法，以"礼"为唯一理想。到了汉朝，遂只
剩下叔孙通一派的贱儒，和董仲舒一派的迂儒，这真是儒家的大不
幸了。

　　墨家之出正当孔丘身后儒家发达之际，故其主张处处与儒家针对，
可谓为儒家正面的劲敌。其实两家根本精神都相去不远，都是代表诸
夏民族重实际的色彩，不过墨家更为简捷罢了。墨家的根本主张是兼
爱，与儒家的差别之爱已是相反，却同是为救时之敝而倡。孔丘生于

贵族政治未衰之际，故他的主张只欲维持贵族政治原始的秩序，就可以拯救生民；墨翟的时代，贵族政治已完全破坏了，旧秩序已不能应付新环境了，在当时战乱频仍的环境中提倡兼爱大同的学说正是最相宜的。不过古代民智低下，想拿理论来说明天下一家四海同胞的理想是不容易的，因此墨翟不得不想出神道设教之法，利用普通社会对于上帝的信仰，建设出一种天志说来，以作他的兼爱非攻运动的理论根据。理论既然类似宗教，运动的方法和手段因之也不得不采取宗教式的，因此墨家的组织就成为一种宗教了。我们应当知道，时代的环境是很要紧的，当战国以前，人民了解思想的程度还是很低的，孔丘是主张维持贵族政治的旧道德，并没有什么新主张，因此他的理论为人了解，并且恰与当时贤士大夫一般的见解相合。墨翟的主张则完全是新颖的，他的兼爱说正与当时传统的阶级制度相反，因此他不得不托之于古代的神权政治以利其推行，这一种苦心我们应该为他原谅。到了战国末年，情形就大不同了，思想解放已达到最高点了，因此道家的虚无主义，法家的进化思想，种种与旧思想大相径庭的思想学说，都可以大胆公开地表白出来，不必再特意扭扭捏捏去托古改制了。这都是时代的关系，所以近人说周秦诸子都是托古改制，这是不对的，托古改制的只有儒、墨两家，乃是因为他们的出世较早的关系。

儒、墨二家的出世都在战国以前，不过到了战国才发扬光大起来，其余三家就全是战国时代的产品了。就中出现较早者为阴阳家。阴阳家的思想在近人谈古代哲学史者，多不加以注意，甚或加以指斥，谓为野蛮迷信的思想，其实是很错误的。阴阳家的思想和其他各家一样，虽然也有很荒谬可笑的地方，但大体上不失为一种有价值的学说，并且就流传之广，信徒之众，对于后世影响之大说，也不下于其他各派，怎能轻轻地一笔就抹杀呢？阴阳家传布的区域大约在燕、齐两国，而以齐国为出发地，其成立约在战国初年。当时齐国是东方大国，齐威王招贤礼士，稷下之士至三千人，天天在那里为谈天雕龙之辩，争论不休。阴阳家的思想就在这个学问环境中养育出来。我们要注意阴阳家与儒、墨两家不同，并没有唯一的首领，比较上人所知道的要算邹衍，可惜《史记》上一篇列传又讲得很简单，此外也别无什么著作传流下来，阴阳家之为人所忽视，未始不由于此。但是就他们的思想研究起来，确实有令人可以注意的价值，尤其是与诸夏系的正统思想有许多不同之处。第一，他们是注意宇宙本体论的，诸夏的正统哲学思想都只注意人生哲学方面，对于宇宙本体如何多存而不论，唯有阴阳家好谈及此点，他们将《洪范》的五行之说拿来推演起来，便成了阴阳终始五德说。他们以为宇宙是循环的，终而复始，都是五种原行在那里互为代替，这种思想确是非常新奇，为诸夏思想家所梦想不见的。第二，对于自然科学的注意，这也是诸夏正统思想所不注意的，邹衍的大九洲之说，很有科学思想，终始五德之说则含有数理意味，此外类似的思想必然很多，虽然没有记载可考，倘若细细从古书中去搜寻，未必不可以找寻出来。第三，为富有趣味的神话思想，如汉朝方士所传十洲三岛等神话，都是战国阴阳家所流传下来的。这种神话都富有人性的趣味的，诸夏的正统思想也决没有这些。就这三端看来，已可见阴阳家的思想确与其他各派都有不同，其差异且甚大。为什么会发生这一派的思想呢？就不能不说是地域和人种的关系了。以人种而论，东夷民族本向来富于神话思想，其思想系统与诸夏大不相同，后来江淮一带及齐国的宗教也就带有特别性质。如同东岳泰山的崇拜就是齐国的宗教信仰之一。这信仰到了战国以后，经过学士大夫的一番研究，遂成为富有理智性的学说了。至于地域的关系更为重要。中国本是大陆国，各派的学说思想虽然不同，大致缺乏海国的气味。唯有燕、齐两国距海较近，人民习于航海，故思想也因之不同。我们研究阴阳家的思想，觉得与希腊民族的思想极为相近，大概因为同是海国的关系，在中国思想史上要算是异军特起。阴阳家的发展是自然造成的，最初并非有意的提倡，也没有什么大哲学家个人的造意，只是在那种环境之中自然会造成那样的思想。这种思想一成为系统的理论之后，非常容易流传，燕、齐二国的信奉者非常之众，当时的君主如燕昭王也非常信任，后来的秦皇、汉武更不必说了。这一派在汉朝的势力大家都知道，可不必细说，其实汉朝以后的潜势力也仍然还不小，不过不为人所注意罢了。我们试举几个例：一个是晋时伪造的《列子》中有述天地原始的一段，如太初、太始、太易等说法，自然是从《淮南子》中偷窃出来的，而《淮南子》却是采的阴阳家之说，这种说法后来遂成为道家哲学之一部分，魏、晋以后的道家思想其中含有阴阳家的思

老聃

想非常之多，这不过是最高尚的一例。还有一个是北宋邵雍的"皇极经世"之说，虽然衍自道家，其实也是阴阳家终始五德之说的变相。唐、宋以后的所谓数理之学，其实都是阴阳家思想，道家并没有这些。随举两例，已可见阴阳家思想在后世影响之深了。

与阴阳家同时或稍后发生的思想是道家。道家也和阴阳家一样并没有开山的祖师。后世虽以老聃为道家的始祖，其实老聃这个人根本不是道家，《老子》这

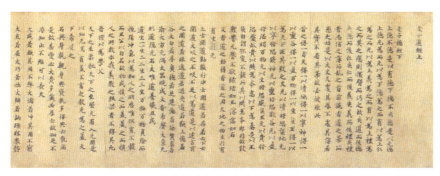

《道德经》敦煌写本

部书确是战国末年的作品，是道家
最后的成熟著作，不是最初的著
作。道家的发生大约和儒家的孟轲
同时，其中著名的人如庄周、彭蒙、
慎到之类，也是各自成一家言，并
不相袭。大抵道家的共同精神在出
世思想，因为要出世，所以不似其
他各家要聚众讲学，有多少弟子传
布他们的学说，道家的著名学者大
抵姓名尚在若隐若昧之间，更无论
于生平行谊了。不过道家的传布在

庄周

于中原各国，不比阴阳家的僻居东北，因此他们的著作多数仍留传下
来，为后人所知，不比阴阳家之湮没无闻。渐渐也有人以研究他们的
学说为业，造成一种学派。然而在战国时代，这一派的势力似乎仍不
能和儒、墨抗衡，直到汉朝初年，儒、墨俱受摧残之后，黄老之学才
渐渐抬起头来。道家因为是个人的学说，所以他们的内容很不一致，
有主张自然的，有主张虚无的，有主张清静的，有主张享乐的，甚至
有极端相反的学说。因此严格说起来，原始的道家并不成为一家，不

过一些山林隐遁之士各自发挥各自的思想罢了。不过在这种不同的思想之中也有一个共同点，就是个人主义，道家无不以个人主义为出发点的。这种思想在孔子时就有端倪，《论语》所载长沮、桀溺之类，就都是此派。到庄周以后，拿他的阔达放任的精神独立创成一部学说，道家才有了较高尚的理论根据。到《道德经》出世以后，道家才有了首尾一贯的系统思想，这部书确是道家成立的最大功臣，也是上古中国思想史上第一部系统的真正著作。自这部书出现以后，道家才有了森严的壁垒，老聃也就因此一跃而为道家的祖师。汉朝的黄老之学所以陡然盛行起来，也就是这部书的功劳为多。中国古代真正可称为著作的系统书，只有《老子》和《周礼》两种，但《老子》的影响却比《周礼》大得多。

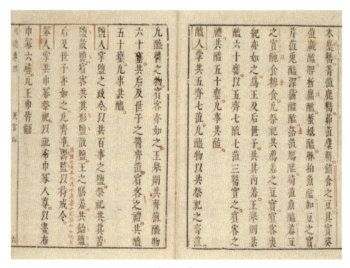

《周礼》

法家是最后出的。他的酝酿已在战国中叶，真正成立更在战国末年。各家学说到了演进到最高程度以后，已经都有接近法家思想的可能。如同儒家的荀卿，道家的慎到，就都有类似法家之处。到韩非出来，法家的思想才算大成。法家的思想中心是甚么呢？就是以人胜天的进化主义。他们不像儒家崇拜什么古先，他们也不像墨家信仰什么天意，他们更不像道家主张什么自然放任，他们是最进步的、最彻底的。他们根本不信任什么人性本善的理想之谈，他们以为只有法律才可以范围人性的恶点，促进社会的进步。他们是人本主义者，也是进化主义者。他们的主张确是有实效的，因为秦国就是用了他们的主张才将"天下"统一起来，那些儒家迂阔的王道主义，墨家迷信的神治主义，道家空想的无治主义，就都不免相形见绌了。因此我们说法家是古中国学说之最进步者，而法家的巨子韩非尤为集上古学术之大成。犹如他的同学李斯完成了政治统一的工作一样，他也可以说完成了学术统一的工作，他们的思想不但促成秦国的统一，就是西汉二百年的太平郅治也是由法家造成的。后儒拘于迂阔之见，反要骂法家是只图近功，真是冤枉古人不少了。

　　我们对于先秦诸子学说的总观察是上古学说演化成以上各派的缘

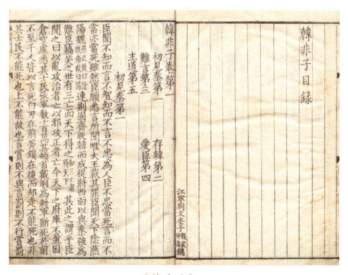

《韩非子》

故，不尽由于各派创始者的主张不同，地域和时代的关系也很重要。地域的关系已经有人说过，如谓儒家代表北方民族思想，道家代表南方民族思想之类，其余三家若分配起来，可以说阴阳家代表东方海国民族的活泼理想，法家代表西方山国民族的豁刻理想，墨家则笃实似儒，高玄似道，热情似阴阳，组织似法，最得其中道。但这些地域的关系还不算很重要，最重要的还是时代的关系，儒家最先出，故保存的封建思想最多；墨家次先出，故主张稍进步；阴阳家次出，故主张又进步；道家晚出，故主张甚急激；法家最后出，故主张也最进步彻底。各家自身的进化也是循这个轨道而来，试列一表以说明之，如次：

修正的传统思想	朴素的新理想	较进步的新理想	系统的理想	最进步的理想
（儒家）孔丘	孔门弟子	孟轲	荀况	
（墨家）	墨翟	墨家弟子	别墨	
（阴阳家）		稷下诸贤	（轶亡）	
（道家）	（诸隐者）	庄周	《老子》	
（法家）	子产等政治家	《商君书》	《管子》	《韩非》

第七章

各派思想之凋落混合

及神秘思想之复兴

秦始皇

古代的思想到了战国可算极盛，盛极了就未免难以为继，因此到秦国实行统一之先，各派就已都有凋落之势了。秦始皇混一宇内之后，实行法家的统一思想政策，对于各家思想极力摧残，儒家的受摧残最深，焚书坑儒是人所共知的事实。墨家的受摧残虽无明文，但观于秦以后墨家之衰微情形，再证以墨家学说与专制绝不相容的理由，可知其受摧残比儒家恐怕还深；此外阴阳家则末流变为方士，虽颇为时主所信任，而于学术关系颇少；道家则多属隐遁之士，不愿干涉政治，因此也都无显著的表现。唯有法家得行其志于时，始皇又禁绝百家杂学，令欲学法令者以吏为师，故此时可算法家的独尊时代。但因为无其他学说竞争的缘故，因此法家也就没有什么著作表现于学界，只有各种制度法令流传于后代，为汉朝的杂霸制度所因循罢了。

各家的学说经过秦始皇的专制摧残，虽然不免都受影响，但毕竟学术的势力不是政治所能禁压得住的，因此秦朝一亡，压力一去，各派就都纷纷复活了。

先说儒家本来是当时最大的一个学派，年代又长，信徒又多，主张又很稳健，因此势力甚为稳固。秦始皇虽然信任法家，对他们极力加以摧残，但他朝廷之上仍然有博士存在。到汉兴以后，叔孙通等聪明的儒者能够通达时务，赶紧以礼乐之术牢笼君主，因此儒家的势力遂又恢复起来。自此以后无论在朝廷或在社会上，儒家的信徒都很多，他们又极力注重文献事业，为当时其他各家所不及，因此他们的势力因与古代文献打合到一处，遂更不可摧破。不过汉初君相如曹参、文帝、窦后等都很信道家，法家的潜势力也还存在，因此儒家还不能十分得志。直到景、武两帝都是右文好儒之主，儒者公孙弘、董仲舒等乘机进说，复实行秦始皇未竟的统一思想政策，不过以儒家换了法家罢了。这个政策一行，儒家遂成了二千年来的正统思想，再不敢有人加以反对。不过从此各派学说不能公然发展，都偃旗息鼓变相的侵入儒家，将儒家弄成一个四不像的东西，而思想界也就渐渐隳落成了不堪的景象了。

墨家在战国时代本来是很大的学派，信徒遍于中国，与儒家有对

曹参

汉文帝

汉景帝

汉武帝

立之势。但是他的信徒过重实行，忽视言论，因此著作流传绝少。他们的组织又是极严格、极秘密的，普通的信徒渐成为绝对服从没有个人自由思考的余地，学说又逐渐趋于神秘，不易为智识阶级所赞同，这都是墨学自趋澌灭的原因。加以他们主张抑强扶弱，最与专制政体不合，尤其是大一统的时代，因此墨学自秦以后就失传了。不过最主要的原因大约还是由于墨者的过重实行，忽略文字，因为忽略文字，所以将信徒都弄成椎鲁无文，渐渐数典忘祖起来，因此秦亡以后，各派都能恢复，唯有墨家的精神虽寓于当时所谓侠客之中，而形式上早已忘却了墨翟的教训，墨家的名目就从此沦亡了。

道家本来都是个人主义者，素来就没有什么组织，不过因为他们的主张很投合乱世人的心理，因此同情者也很不绝。自《老子》一书出现于战国之末，道家有了系统的理论，才有与儒、墨争衡的资格。汉兴因为天下初定，正用着清静无为的政策，因此道家的主张就成了一时的主潮。同时战国中所有各附庸的派别如纵横家、农家，乃至阴阳家之类都纷纷自附于道家，道家的内容也就较从前大为扩张了。汉朝文、景两朝，上有文帝、窦太后等主持于上，下有淮南王安等奖励于下，当时除了儒家敢和他竞争以外，简直没有其他抗衡的学派。不过道家内容究竟过于简单，主张也很浅薄，因此不能满足雄才大略的君主的希望，到武帝定儒家为正统之后，道家自然不免也受了影响。从此以后，清静无为的正统道家学说渐归渐灭，而阴阳方士之流转依附道家的名目，造成东汉以后的神秘的道教了。

阴阳家在战国末年信徒就已不少，但是似乎始终没有演化出整个系统的思想。按说战国时代以齐国的和平时期最长，应该涵育出些较高尚的文化，但无论在文学方面或哲学方面，齐国方面都没有什么成绩流传下来，这是什么道理呢？依我们想，不是齐国没有文化，乃是因为齐国与其他各国交通较少，故国亡之后，就不免渐渐埋没了。就我们今日所知，齐国文化之表现于后世者，似乎只有阴阳家一派，但关于阴阳家思想内容之材料今日也就很少。盖阴阳家的思想全是海国民族的思想，其不为大陆性很深的中国民族所了解而渐至湮没，也是当然的道理。不过阴阳家思想的内容虽然不易研究，但就秦、汉时代他们的信徒众多，甚至欣动人主这一点上看起来，可见他确是当时一大学派，不容忽视的了。不过阴阳家到了秦、汉之际，似乎已失了他原来创始者的高尚哲理意味，而倾向于神秘方面了。大致哲学在极盛之后，民族对他们生了厌倦，就多易转入神秘的宗教方面。如希腊哲学极盛之后而有新柏拉图派的神秘思想代兴一样，中国上古的哲学思想到了先秦诸子也可算发挥净尽了，秦、汉以后各派都没甚新进步，社会上自然渐渐对他们都厌倦起来，神秘思想容易发生。阴阳家转入此方面最早，因此在西汉时代就几乎成了社会信仰的中心，他的势力不但征服雄才大略的君主如秦皇、汉武之类甘心为他效力，甚至儒家、道家也都为其所同化，而发生神秘式的谶纬思想。这真是阴阳家的大

萧何

幸而又是大不幸了。

法家自秦得到政治的拥护战胜其他各派后，到秦亡汉兴名义上虽然失败，其实潜势力仍然甚大。汉朝的制度大多数沿自秦制，而秦制就是全本法家的精神制定的，因此西汉一朝可算仍然实行法家的理想，汉宣帝所以说汉朝的法家是用杂霸治国，也就是这个道理。汉初的君相如萧何、张苍、景帝、晁错等都是信仰法家的。武帝名为信儒，其实所用的人如张汤、杜周、桑弘羊、孔僅之类都是法家。就是公孙弘之流也是阳儒阴法的。儒家的胜利，法家的失败，大约在元、成以后，因为汉元帝是个好儒的人，所以西汉末年儒者才大盛起来。桓宽所辑的《盐铁论》一书，可以代表西汉中叶以后儒、法两家冲突的情形。平心而论，西汉的富强未始不是法家之效，至于元、成以后，政治所以紊乱不堪，虽非儒家的责任，但儒家的迂阔之术断不易挽救那种鱼烂的局面，也是实情。两家的优劣，由此可以见出了。

我们前面已经看到，汉朝初年，神秘的思想已经流行了。当时阴阳家骤落而成的方士，在社会上极力传布神秘的思想，聪明如汉文帝，雄略如汉武帝也都受他们的愚弄。当时的名臣如张良之类又借神仙以自晦，因此神仙的价值就越高起来了。流风所及，儒、道两家也都受了影响。儒家如董仲舒之流号称大儒，但是他的著作中满纸妖妄之言。道家则托黄帝以自掩其神秘之说，其著作如《淮南子》中也充满了神秘思想。自汉武帝定儒术为国家后，思想越发退化，儒学中的神秘色

张良

黄帝

彩越发达了，于是产出所谓谶纬之学，以妖妄之言自附于儒家。西汉末年，这种神秘的思想一天盛似一天，王莽的篡汉，刘秀的兴复，都借谶纬以欺人，可见神秘派在社会间的势力了。

儒术定为一尊以后，思想上就绝没有什么表见，所谓儒家者不是妖言惑众的方士，就是抱残守缺的经师。方士派固然造谣可恶，经师派也只知道咬文嚼字，毫无独立的思想可言。并且汉武帝之推尊儒术，本来是利用科举的手段，这种手段虽然将异端一一打倒，但结果使儒术变成一种干禄之学，无论是方士派或经师派都是以奉承有权者为事。西汉末年，思想史上只能产出模仿派的扬雄和作伪派的刘歆，再产生不出什么伟大的思想家来，真是思想史上堕落的时代了。

东汉时代，思想的堕落消沉更甚于西汉，学术界上只有经师派和方士派在那里作怪。这时候有一个王充，是一个有独立思想的哲学家，他著了一部《论衡》，专门和当时的时代潮流反抗；他不信神怪，不信故训，甚至对儒家的祖师孔、孟都敢攻击，确是一个杰出的人物。但他的著作并不为时人所注意，直到二百年后，蔡邕得了还当作秘本，

蔡邕

不以示人，可见在当时毫无影响，我们决不能拿他的著作来代表东汉的思想界。只可以他的著作之中，反映出当时神秘空气笼罩下的一般景象罢了。

这样神秘的空气，从王充的时代起，一直又笼罩了将近二百年，直到蔡邕们出现的时代，王充的著作渐被人认识的时候，怀疑的曙光才渐渐发现。但同时神秘思想已造成空前的匪乱黄巾贼，将二百余年的东汉大帝国一拳打破。同时新的宗教纷纷俱起，而神秘思想结晶的道教遂于此时出现，成为中国唯一真正的国教了。

第八章

怀疑时代的曙光

东汉是儒术最盛的时代，儒术统一的结果，除了造成一般方士和经师之外，只有在政治上造成些臧否时政的党锢名流。这些党人们大半牺牲他们的精神生命到政治上，对于思想界的贡献殊少，但因为结党交游的风气一开，思想上交换的机会日多，并且党人们多半是光明俊伟之士，绝非委琐卑陋的经师们可比，他们的流风所及，很可使人的心智一开。到了东汉末年，政治日坏，人心思变，思想上怀疑之机遂一发而不可遏了。

郑玄

从东汉末年起，到东晋初年止，这一百多年之中可以说是思想史上的怀疑时代。虽然没有什么独立的建树，但较之黑暗消沉的东汉时代，实在已高出百倍。东汉经师们只晓得咬文嚼字，说《尧典》首数字，至十余万言，其烦琐冗长，毫无用处可见。东汉末年有个郑玄算是经师之巨擘，他将这些妖妄之说，烦琐之论，分别结集起来，成了五经的注，经师派到此可算大成，但经师派的势力也就及郑玄之身而斩了。

当郑玄苦心结撰那些故纸堆中的材料的时候，新的怀疑空气已经渐渐造成。与郑玄同时略后的孔融和祢衡便都是放荡不拘礼法的人，他们曾说"子之于父母犹物寄瓶中，别无恩义"，这是对于汉代儒教盛行的唯一教义"孝"字的大胆反抗。这时候儒教的不能压服人心，已成公然的事实，有眼光的政治家如曹操、诸葛亮，都想拿法家的主张来范围人心。无奈人心遏郁已久，正是思想自由解放的时候，法家的干涉主义也无法与这新潮流反抗，因此曹操和诸葛亮的建设事业都只成了昙花一现，毫无效果。到了曹操的重孙手里，便出了何晏、王弼两个大思想家，他们大胆与古来相传的儒教教义反抗，开拓了一个新世界。何晏、王弼都好谈老庄，王弼注解《周易》，以义理为主，一扫汉朝经师支离荒谬的胡说，确替中国的哲学开拓一条新路。他摒引老庄来解《易》理，虽然也未必即是《周易》的本义，但于融会儒、道二家的主张上，很有功效。汉以来的道家，除了一部分神仙妖妄之说外，大抵是清静无为的老子之教为主，当时谓之"黄老"，其说甚

曹操

诸葛亮

浅。到何晏、王弼以后，才特别提出庄子之学，建设一个新人生观，此后言哲学者，或谓之"老庄"，或谓之"《老》《易》"，总之不但与儒家不同，抑且与汉以来的道家大不相同，完全是一种新东西。

与王弼等同时稍后的，还有个王肃，他是一个经学家，著经解若干种专门与郑玄为难，且并不惜伪造伪书以证实其说，如《孔子家语》便是王肃所造伪书之一。因为他是晋武帝的外祖父，所以他的学说后来也居然传之于世，与郑玄相颉颃。此人及其学说虽不足取，但他敢于遍翻郑玄之案，立意与汉儒为难，也可见时代潮流之一斑。

魏、晋之际与西汉末年一样，是一个伪书流行的时期。王肃所造伪书除《孔子家语》外，还有《孔丛子》。此外有汲冢发现的许多古书如《逸周书》《穆天子传》《竹书纪年》等，其真伪也是问题。东晋初年梅赜所上《古文尚书》及《尚书孔氏传》也是伪书之一。此外如《汉武内传》，东方朔《神异经》之类，俱属东晋以后的伪书。这

王弼

王肃

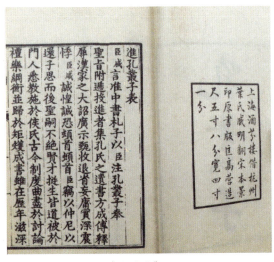

《孔丛子》

沈曾植手书《孔子家语》轴

《尚书孔氏传》敦煌写本（局部）

些伪书中，于时代思潮最有关系的，要算《列子》。《列子》是经晋初张湛注解以后才出名的，有人疑为即张湛所伪造，有人以为张湛以前的人所伪造的，总之绝不是战国时代的作品。就中《杨朱》一篇最滋人疑窦，其实《杨朱》篇以外的各篇大半抄袭《庄子》而成，又间杂以佛经的语法和故实，其非战国时著作也是显然的。《列子》虽系晋人伪作，但它的价值倒不可轻视，因为魏、晋之际的时代思想颇可

东方朔

《竹林七贤图》

从这部书中寻绎出来，尤以《杨朱》一篇更可注意。因为孟子中有"杨子为我"一语，遂因而杜撰出一篇极端为我主义的哲学来，大致以人生的享乐为主，轻视一切身后的批评和社会的善恶标准。所谓享乐主义者更绝对以肉体的享乐为主。这种不长进的堕落主张，确是魏、晋之间才会有的，战国时代哪里会产生这样的思想呢？

当何晏、王弼提出以老庄代替儒家的时候，确是想努力缔造一个新哲学、新人生观的，他们努力于破坏方面反不及努力于建设方面者多，倘若后来有人能承继着这个方向去走，则新的哲学早已出现，不必待印度思想之输入而始有光明之路了。不过不幸何晏、王弼死后，没有能够继承他们事业的人，所谓晋初的竹林七贤阮籍、嵇康等——大都是放荡不拘的名士派，在思想方面破坏之功多，建设之功少，反抗旧礼教的力量多，建设新哲学的力量少。并且生于禅代之际，易遭政治的压迫，嵇康一个较有思想的人，竟为司马昭所杀，阮籍因此缄口不言，以酒自放，此外山涛、毕卓、王戎之流则竟欺世盗名，躬为污浊之行，而自托于高尚了。当时的所谓思想，不过是伪列子《杨朱》篇中所代表的享乐主义而已。西晋末年，内政腐败到极点，外患也因之勃起，竟至中原沦丧，夷狄横行，虽然是政治不良之过，究竟这些堕落的时代思潮也不能不负一部分责任，所以范宁要太息痛恨地说"何晏、王弼之罪浮于桀纣"哩！

享乐主义的影响，确使人心风俗因之奢靡，当时的名人如何曾、石崇等，都以奢华相尚，未始不是受了这个影响。其间有与这个潮流相反抗的，如裴颁著《崇有论》，可以代表儒教的反抗思想，不过效力很少，终于酿成五胡乱华之祸。

东晋初年，过江名士流风未绝，竞以谈玄论道为尚，一言片字，妙解独契，颇似唐以后佛教的禅宗。《世说新语》一书载这种名言甚多。虽非系统的思想，究属不无可取。当时名士，每多升座讲演，手拿麈尾，与听讲的人互相辩难，辩不胜的便即退席，这种情形与禅宗

《世说新语》写本（局部）

的机锋更相似。假使东晋和平较久，学者循这种轨道往前进行，或者也可以成就一种新的系统思想。但是这种自创的思想尚未成功，印度的佛教已挟民族迁移之新势力尽量侵入，给饿渴徘徊的中国思想界以一种无尽的宝藏，学者的力量顿然转向这新的方向去，思想上就又成了一个新的局面了。

思想的进退与民族精力的盛衰是成正比例的，中国民族自西周以前尚在浑浑噩噩的未开化时代，异民族的醇化也未成功，自春秋时代经晋、楚、齐、秦诸大国的努力，将东西南北各方面的异民族都融化于一炉，民族的醇化既已完成，正是发挥精力的时候，所以才产出战国时代光辉灿烂的思想来。战国以后，思想业已成熟，但民族精力尚未发挥净尽，因此秦皇、汉武得以挟之向政治外交军事方面尽量发展。西汉武、宣以后，政治军事已经发扬到绝顶，民族精力已呈疲倦之态，因此自西汉末年以至于东汉一代，无论政治、军事以及思想方面，都没有什么了不得的成绩，只是苟且敷衍局面而已。魏、晋以后，民族越老了，政治、军事方面都退化了，思想也就因之堕落起来，才会产出那样徘徊歧路的怀疑思想和聊以永日的享乐思想。民族思想到了这样地步是非常危险的，照这样弄下去，是会酿成民族的自杀的。然而"适会有天幸"，西北、东北的野蛮民族突然大举的侵入中国，造成一种民族的大混合，结果产生出一种新的富有朝气的大民族来。这些异族的侵入不是空手来的，他们背后挟着中央亚细亚一千年来的文化，并且间接地将喜马拉雅山这一条天障打开，使恒河流域的古文化得以与东亚民族接触，这个举动真是影响不小。于是正在醇化中的中国民族，接受了这件巨大的礼物，尽力地将他介绍研究，慢慢地咀嚼融通，隋、唐的大帝国和新的佛教都从这个时代酝酿出来，这个时代就是我们下章要说的时代。

第九章

佛教的输入

当汉朝在中国本部建设了统一大帝国的时候，北方蒙古地方也兴起了一个大帝国，就是匈奴。匈奴最盛的时候，势力东面扩张到满洲和朝鲜半岛，西面直达到新疆和中央亚细亚。那时新疆和中央亚细亚建设了许多小国，成为东（中国）、西（希腊、罗马）、南（印度）三方面文化势力和政治势力的接触地。匈奴和汉朝争持了多少年终于被汉朝战败，到东汉初年匈奴的主要部分已降服汉朝，南迁至塞外，余民数十万落在蒙古的，尽为东北方面的鲜卑民族所吸收，从此鲜卑遂成为庞大的民族。至于中央亚细亚地方，自西汉末年，兴起了一个大月氏帝国，这个帝国本是东亚民族，由黄河套搬至中亚的，所据的地方则系希腊民族所建大夏帝国的故地，而尤可令人注意者，这个大月氏帝国跨兴都库什山而建国，一部分在山北中央亚细亚，一部分则在山南北印度，因此印度的文化就借这个帝国之力灌输到中亚诸国来。印度自公历纪元前六百年左右，佛教兴起以后，战胜了旧有的婆罗门教，就成为印度的中心思想。这时分为南北两派，南派由锡兰岛传至后印度半岛诸国，就以锡兰岛为根据地，北派则由大月氏传至中亚

"汉匈奴归义亲汉长"青铜印

诸国，大月氏就成了北方佛教的中心了。西汉末年，大月氏使者来中国，哀帝使博士弟子秦景宪从之受《浮屠经》，这是佛教输入中国之始。至东汉初年楚王英在宫中私祀浮屠，可见佛教势力已侵入宫廷。自此以后，民间传习者渐多，不过尚属宗教的性质，于学术思想无大关系。到西晋末年，鲜卑、匈奴、羯、氐、羌五种民族侵入中国，号称五胡乱华之祸，这五种民族在未入中国以前，本来都已受过佛教的感化，既入中国以后，遂将佛教间接介绍给中国人。加以自异民族侵入以后，西北交通复开，中央亚细亚与中国的接触日繁，印度的佛教文化遂由这种种的机会传入中国了。

　　这一期的佛教，主要的工作在翻译事业。因为佛教初入中国，内容尚未尽为华人所窥，因此不得不致力于这层工作。这时担任翻译事业的人，大半系外国的高僧，有来自印度的，有来自大月氏的，有来自其他各国的。这些外国僧人初来中国，对于华言未尽通达，翻译颇为困难，因此不得不另物色中国人为之笔受。大致由外国僧人口译，再由中国人由笔记录下来，或者有时更请文学家为之润色一下。翻译既然须经过如此许多困难，自然不免谬误，就中翻译最有名的要算鸠摩罗什。鸠摩罗什是天竺人，生于龟兹，自幼精研佛理，名闻东西。

鸠摩罗什所译《金刚般若波罗蜜经》敦煌写经（局部）

《菩提达摩渡海图》

当时中国有一个高僧叫作道安，对于佛理也深有研究，常常慨叹佛经翻译的多有错误，因发起迎鸠摩罗什来华。前秦王苻坚容纳他的意见，派大将吕光去迎他。恰好苻坚不久就因兵败而死了，鸠摩罗什赶到长安的时候，已是后秦王姚兴的时代。姚兴也是个信仰佛法的人，他用政治的力量保护鸠摩罗什，赞助他大规模地做翻译事业，因此鸠摩罗什得以放手进行他的工作。他的翻译卷数既多，内容又很正确，因此在中国思想界的影响极大。除鸠摩罗什以外，外国僧人在中国很有名的有安世高、佛图澄、菩提达摩等人。

当时东西交通既便，不但外国僧人来中国的很多，就是中国僧人也有到西方求法的。当时的东西交通约有两路，一条是陆路，就是从新疆经中央亚细亚以达印度；另一条是海路，从广州出发，坐海船经后印度半岛以达印度的锡兰岛。外国僧人来中国大半系从陆路，唯菩提达摩是从海道来的。当后秦的时候，长安有一个和尚名叫法显，发愤往印度求法，由陆路出发，凡经三十余国始抵印度，在印度住了十五年，由海路返回中国。带回的经论很多，并著有《佛国记》一书，详记他的经历。这部书在后来宗教史和地理学上都很有价值。在法显前后往印度或中亚诸国求学的僧人很多，据梁任公先生在

《佛国记》　　　　　　　　梁启超（字任公）

　　《千五百年前之留学生》一文中考证，自三国以至唐初往西求法的高僧其确有姓名可考者已有百零五人，佚名者尚有八十二人，在当时旅行困难、危险非常之多的时候，能有这许多人牺牲生命光阴去做这种事业，可见时代潮流之一斑了。

　　除了出国求法的高僧以外，在国内也出了许多有名的和尚。在东晋末年有一个高僧道安，本姓卫氏，后改姓释，他在南北传道多年，弟子非常之多，欢迎鸠摩罗什来华的动议就是他发起的。中国佛教的基础可以说自他以后才确立起来。他的弟子慧远在庐山结白莲社，研究佛理，南方佛教的发达，他与有功焉。

　　当时信仰佛教的不但是和尚们，就是在家的居士也很多。原来佛教输入中国以后，其初政府尚禁止中国人出家为僧，故信仰者多属居士。自三国以后，此禁才开，于是在家、出家两途遂分。居士中信佛的著名者如与慧远结社的刘遗民等十八人，如宋初的谢灵运、颜延之等，对于佛法的普及都很有关系。

当时佛教传播之速，于政治势力的保护很有关系。自五胡乱华之后，侵入北方的异民族大半系信仰佛教的，他们的政治首领多努力奖励佛教的传布。如同后赵主石勒，前秦主苻坚，后秦主姚兴都非常提倡佛教。北魏诸帝除太武帝外，也都信佛，末年的胡太后尤崇佛法，建筑佛寺甚多，又遣宋云、惠生到印度求经，得百七十余部而还。北魏一代佛寺的兴筑非常之多，读《洛阳伽蓝记》一书可见梗概。南方的君主虽系汉族，但受了异民族的影响，也非常崇信佛法，就中东晋孝武帝、宋文帝、梁武帝、陈武帝等尤为著名。梁、陈二武帝都以开国雄桀之姿，不惜几度舍身僧寺，祈求福泽。南朝建筑寺庙之多，不亚北朝，政治上的如此提倡，正是时代思潮的反映。

佛教自西汉末年输入中国，历时二百余年，到东汉末年民间已传习甚广，但都是宗教的信仰，于学术思想无甚关系。加以当时翻译事

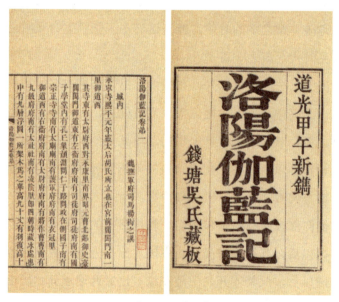

《洛阳伽蓝记》

宋文帝　　　　　　　梁武帝　　　　　　　陈武帝

业初开风气，外来的僧人对华言素不通习，辗转传译，错误甚多，专门术语也未经成立，因此翻译的经典不能引起一般人的注意。直到五胡乱华以后，外国的高僧来华者日多，带来的经典也较前多了，中外僧俗彼此相处日久，情意融洽，所翻译者自然较前正确，从此东土的人，才得睹佛教之真正广大的面目，又恰当思想烦闷饥渴的时候，焉能不立刻风行全陆呢？佛教在印度本分大、小乘两派，当中、印交通的时候，值大乘业已盛行中亚之后，因此移译的经典以大乘者为多。其初尚没有枝派可分，到后来传习既众，不免有门户之见，于是大乘之中又分出许多枝派，大致都是以西土的经典为主，如般若宗依据《大般若经》，摄论宗依据《摄大乘论》，地论宗依据《十地论》，律宗依据《律藏》之类。原来大乘在印度本分两派，龙树一派从实相方面立观点，主张"法体恒空"；无著、世亲一派从缘起立观点，主张"万法唯识"。其输入中国也分两派，鸠摩罗什所译的《般若》三论之类，尽属空宗经典，故此派先盛于中国，到陈时真谛三藏东来，译出《摄大乘论》等有宗的经典，于是唯识法相之说才稍有萌芽。而此宗又分两派，在北方者谓之地论宗，在南方者谓之摄论宗，其实大旨相同，

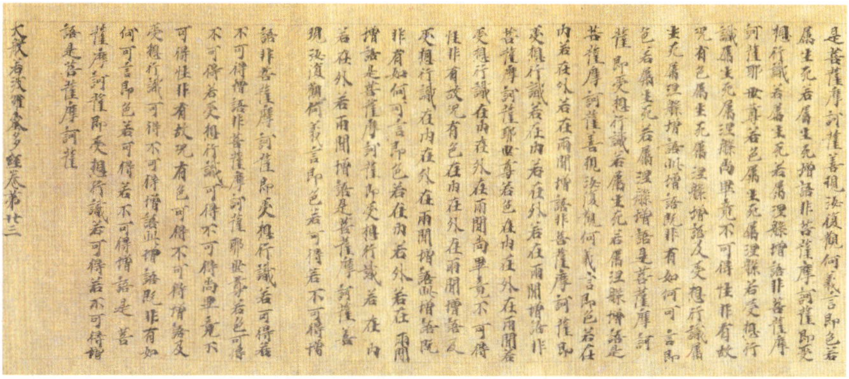

《大般若经》敦煌写经（局部）

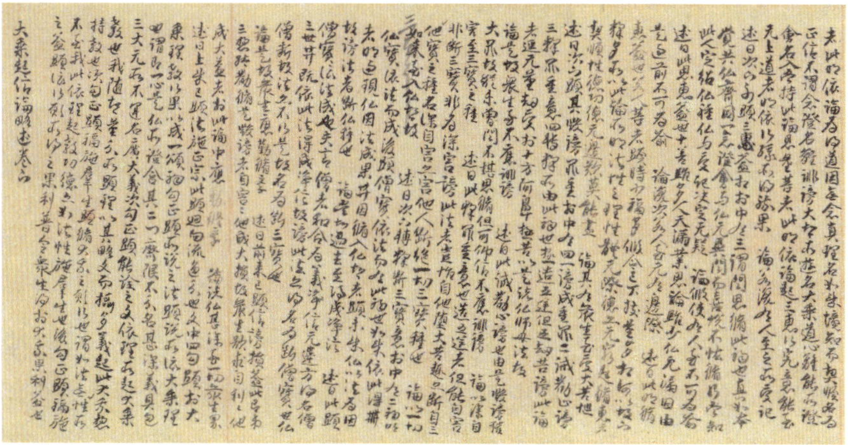

《摄大乘论》敦煌写经（局部）

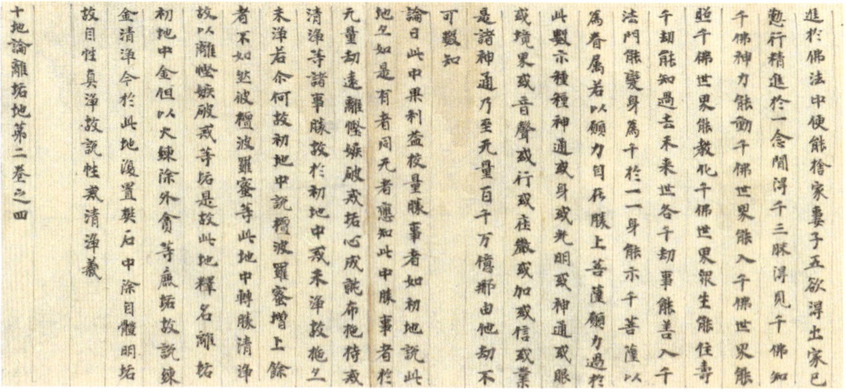

《十地论》敦煌写经（局部）

《律藏》敦煌写经（局部）

不过大小互异而已。以上这些派别，都尚系承继印度学派，直到昙鸾创净土宗，智颛创天台宗之后，中国才有了自创的佛教哲学，佛法就越发光芒万丈了。

　　我们前面已经说过，东汉一代是神秘思想发达的时代，佛教在当时也不过是许多神秘思想中之一种，此外本国自创的秘密宗教尚多，大致不出方士妖妄之说，而其中有主符篆的，有主丹鼎的，有主梵咒的，细细分起来，派别也很多。今日道教所托始的张道陵，在当时也不过是这些秘密宗派之一，后来流为五斗米贼，仅盛于四川一带。这些秘密宗教最初与道家本无甚关系，到东晋时候，有一个葛洪出来，

张道陵

《葛洪移居图》

著了一部《抱朴子》，将当时的神秘思想整理出一个系统来。东晋本是老庄之学最盛的时候，因此这些神秘思想就与道家相结托，借老庄的哲理以为后盾，他们的基础才渐渐稳固。到佛教盛行以后，受了佛教的影响，模仿佛教的组织，将这些神秘思想组成一个完全的宗教系统，从此以后就有了"道教"的名目，能够与佛教对抗成为二大宗教了，这个时代约为北魏的初年。

自老庄之学盛行后，与儒家旧说显相牴牾，学者已感取舍之困难，佛教输入以后，又添了一个新学派，这三派思想之间，怎样调和分别，问题甚多。因此学者有著论专主一家的，有谋调和三教的，但大势已趋于佛教思想，这些主张无甚大关系，故不赘述。此外如梁范缜所主张的神灭论，虽立意颇为新颖，但在当时和后世都无影响，也就不足轻重了。

第十章

新佛教宗派的创造

　　纪元三四世纪之时，佛教已盛行于中国，但当时信徒精力大半消费于迻译经典，消化未遑，况云创造。到五世纪以后，佛教的翻译已渐次完备，学者研究的风气已盛开，咀嚼消化，逐渐成熟，以中华民族的天才，接收了这一份丰富的礼物，自然会另外创出一种新的融化物了。从五世纪（南北朝初）起，到七世纪（唐初）止，这三百年之中，可以说是中华新佛教建设的时代，这些新建设的佛教，虽然蒙着佛教的面目，其实已是中国化的佛教，在学风上、态度上、内容问题上，都与印度本来的佛教完全不同，可以说是中、印两枝文化结合以后的新产物，这真是思想史上可以值得大书特书的事情。如今依这些新宗派创立的次第，分别叙述如下：

　　一、净土宗。净土宗系由菩提流支传入中国，但至其弟子昙鸾始发扬光大。在昙鸾以前，已有慧远在庐山结莲社，刘遗民等十八人都来入社，也为本宗的先声。这一宗虽云以《无量寿》等三经一论为根据，其实是不立文字，但以念佛为方便法门，于思想上无大根据。又这一派的修持方法与天台宗相似，同以"观"字入手，创莲社的慧远也就是天台宗的远祖，因此我们可以说净土就是天台宗的一个别支，后来才各自独立发展的。

　　二、天台宗。天台宗是中国自创的第一个大宗，开创人名叫智顗，时代约当陈、隋之际。这时候龙树一派的空宗与无著、世亲一派的有

《莲社图》（局部）

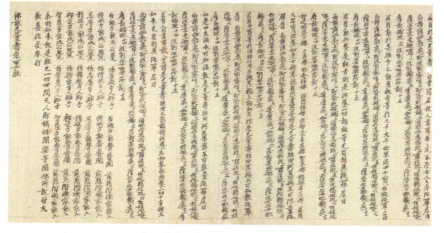

《无量寿经》敦煌写经（局部）

宗正在论诤不绝之际，天台宗出来创立判时判教之说，以中道为最后究竟，非空非有，不即不离，虽然根本上仍毗于空宗，但已算调和于二派之间了，这是天台宗在当时唯一的价值。至于在修持的方法上，提出一个"观"字来，也是发前人之所未发。我们要明白了六朝末年中国佛教的分歧情形，才知道天台宗是调和各宗派的新学说，他的内容圆融中正，能弥补各派的缺点，确有一日之长，且可以代表中国民族喜调和的根性。

三、起信论派。《大乘起信论》是佛学界公认的一部名著，从前人都以为是由印度翻译来的，近来经多人考证，始知印度原无此书，乃属中国人伪造。其成书约在隋、唐之际。这本书虽系伪造，但内容极为精深，后来在佛学界的影响也非常之大。当时空有二宗争论甚烈，一派主张法体恒空，一派主张万法唯识。起信论将这两宗的主张调和折衷起来，立一心二门之说：一个是心真如门，就是心的本体，不生不灭，与空宗本空之义相合；一个是心生灭门，就是心的现相和作用，是有生灭，与有宗唯识之义相合；而这二门又各总摄一切法，并不是二元论，真如中含有空不空二义，生灭中则含有觉不觉二义。像这样说法，就将空有两宗的争论异点一切调和无迹了。《起信论》之所以有价值者在此。而他的出现正与天台宗的成立先后同时，可见当时正是需要调和折衷的时候了。起信论与他宗不同，未尝独立成一宗派，但因其在佛学界影响极大，故我们不能不注意及之。而且起信论后来与华严宗的关系颇深，欲知华严宗思想之来源者也不可不注意此论。

《大乘起信论》敦煌写经（局部）

四、法相宗。法相宗本是印度的大乘宗派。印度自佛灭度后六七百年，大乘始分为空有两派，始终不能调和。中国自鸠摩罗什来华，译出《大般若》经及《中》《百》《十二门》等论，空宗之义大张，人人以为佛经妙义不过于此。至六朝末年，《摄大乘论》等有宗的著作陆续译出，才于空宗之外别树一帜。但晚出之派究难与固有者相争，加以天台、起信纷纷以调和自任，壁垒更加紊乱。直到唐初，玄奘以杰出之姿，往印度留学十九年，尽得法相宗的真义，归而力弘唯识之义，这一派才大盛起来。玄奘自著《成唯识论》一书，其理解超过印度诸贤，故法相虽来自印度，其实

玄奘

大成于玄奘。至玄奘的弟子窥基更加以发挥，遂成立此一重要宗派。

五、华严宗。华严宗虽以《华严经》为根本，但《华严经》在印度的传授源流已很渺茫，有由龙宫发现的神话。传入中国以后也并没有什么宗派，直到陈、隋之间，有一个杜顺和尚始提出纲领，标立宗门。到唐初智俨和法藏出来，才大加发挥，华严宗就光大起来。本宗主张即事即理，事事无碍，理事无碍之说，广大圆通，不落门户之见，自称为圆教，与印度佛教好分析的气味迥不相同。其思想的立足点颇

《华严经》敦煌写经（局部）

有似于泛神论，确是完全的中国思想。

六、禅宗。禅宗是最后出来的宗派，也是最富于革命性、最有势力的宗派。他的传授托言是始于释迦牟尼的大弟子迦叶，在印度传了二十八代，到梁武帝时始由达摩传至中国，其实也是无对证的话。

大约禅宗的端绪是开于达摩，自他以后传了五代，都没有什么成就，到六祖慧能出来始大畅宗风，成立了一个广大的宗派。六祖以后，辗转传衍，变为云门、法眼、梦洞、沩仰、临济五宗，一直到宋、明以后，势力还存。禅宗的主张是不立文字，直指本心，明心见性，因此简单直捷，富于刺激性，且悟彻之后，虽呵佛骂祖也可以，真是最有魄力最能发挥个性的宗教。

释迦牟尼

除以上六派以外，还有真言宗，以秘密诵咒为主，也是自唐以后才输入的，但因与中国民性不合，故不能发达，而转盛于蒙古、西藏等处。

总括起来，以上中国自创的各宗派，虽然内容各有特色，不能相提并论，不过若就历史家的眼光看来，也不妨替他寻出一个自始至终一致演进的痕迹来。原来佛教自输入中国以后，最初只是承接印度的学说，只有因袭，没有创获。印度的学风本是最好分析最不圆通的，因此为一点小问题彼此分门别户毫不相下。不但同一佛教有大、小乘之分，而且同一大乘又有主张唯空和唯识之别。自印度人看起来，一派主张宇宙和自性的根本是空无的，一派却主张是有实在的东西为之根本，这岂不是根本相反吗？但是中国的民族性却是极端调和的，同一佛教而有如此极端相反的学说，在中国信徒看来，终觉得不甚安心，因此才产出天台宗一派的调和论来。天台宗以五时八教之说立论，将所有佛教各宗派分配于各不同的时代，说是世尊因时代的不同故说法内容有异，这样一来，大家便不大彼此互相攻击，存入主出奴之见了，因为虽在极端相反的学说也不妨同认为是教祖所说的了。这是一种调和。判时判教之说在天台以前已有"南三北七"十种不同的说法，可见当时中国佛教徒大家已都感到调和的必要，不过到天台而后理论完密罢了。这种调和仅能将各派学说位置在佛教的旗帜之下使之不必自相冲突而已，但在学说的内容方面还不能调和弥缝，使之趋于一致。于是起信论出来，立一心二门之说，一面容纳空宗的本体之说，一面容纳有宗的唯识之说，这种学说上的调和统一确是又一种进化。到华严宗出来，这种学说上的统一更进一步。他简直将一切空有的区别根本打破，立一切无碍之说，这种说法一出，回视印度各派为一点小小问题竟至分门别派生死不相容者，真觉是醯鸡之见，不知天地之广大了。佛教学理发展到此地，已到最广大圆满之境，底下自然的趋势自然会产出禅宗那样连佛教和异教，如来和众生的区别也一齐抹杀的最进步的宗教来。印度以国民性是好分析，所以一个佛教会分成无数的宗派，演出许多绝对不相容的学说，中国的国民性则恰与他相反，好的是调和综合，因此许多不两立的学说宗派偏会设法将他调和统一起来，这真是国民性的特色，研究思想史的人最不可轻视的。唐朝以后，只有一个法相宗是从印度输入的，玄奘留学印度甚久，受了印度国民性的感化，故其学说主于分析，壁垒森严丝毫不肯融通，但因此也不能光大于中国。中、印两民族这种性质的区别，平心而论，各有短长，为学术本身计，自然印度人的认真分析的精神最可宝贵，但中国人的圆通性质能有了华严和禅宗的成绩也就不可厚非了。

今试列一表比较中、印两国的佛教派别性质如下：

印度佛教（向分析的路走）
- 小乘
  - 大众部——分为八派
  - 上座部——分为十派
- 大乘
  - 空宗——法性宗
  - 有宗——法相宗

中国佛教（向综合的路走）
- 天台宗（从外表位置上调和各派）
- 其他各宗（从内容学说上调和各派）
  - 《大乘起信论》（调和大乘两派学说，泯空、有二宗的区别）
  - 华严宗（发会圆教的学理，泯大、小乘一切的区别）
  - 禅宗（立直指本心见性成佛之说，泯佛教一切异端众生的区别）

第十一章

唐宋间理学未兴前之新形势

中国的佛教学理进化到了禅宗，已经达到最高点，不能再往前发展了。禅宗的主张是打破一切范围拘束，连佛教两字的范围也打破了，因此反倒容易和教外的人接近。当时禅宗的人才既多，理想又高，方法也很精妙，因此在社会上的势力非常之大，学士大夫们也都受了他们的感化，后来宋、明理学的创造与禅宗很有关系。

佛教到了唐朝，不但教理发达到极点，教势也发展到极点。在教理方面，有所谓"教下三家（天台、法相、华严），教外别传（禅宗）"，名理奥义，层出不穷。在教势方面，则上自天子，中至宰相王公文武官吏，下至平民，无不信仰尊奉，唯敬唯恭，比孔子的教势力大至百倍。这种势力的普及就是腐败的根芽，因为僧侣既多，品类当然不齐，多数的僧侣不明教义，唯以虚言诱惑借博钱财为务，当时社会上信仰的人也都是明理者少，盲从者多，因此佛教自唐朝中叶以后就一天一天腐败下去，为有识者所不满。加之教理发挥到了禅宗，已到无可再发挥的余地，禅宗的主张鄙弃经卷，专用一两句不着边际的话，令学者自己去参悟，谓之曰"参话头"，这种方法固能使上智顿悟，但也容易使狂妄之徒借以藏拙影射，因此禅宗的末流捕风捉影，自命不凡，甚至酒色财气都说是不碍菩提路，这种狂禅一多，自易使人对之发生不满。这样教理和教势方面都发生了破绽，自然反动潮流会乘时而起了。

反动的主潮自然是南宋以后成立的理学，但在理学未成立以前，从唐到宋已有许多新思想发现，不过都没有成了正式的系统而已。本章就是要将这种理学未兴以前的新形势叙述一下。当时的新学说约有以下数派：

一、文中子的拟儒派。文中子据云姓王名通，是隋末的人，隐居河汾，著书立说，唐初将相多出其门。其实王通虽有其人，但并无所表见，今所传《中说》《元经》等都是他的孙子在唐初所伪造，借以装点祖父门面的。其书处处模仿四书五经，大言不惭，而辞意尘下，比扬雄还不如，本来在思想史上毫无价值，但因后人称引者众，故不得不列于此。

王通

二、韩愈的原道派。韩愈是个文学革命家，本不懂什么哲理，但因他生的时候，佛教是正在得势的时候，种种腐败情形，很为有识者所不满。韩愈是个直性的人，因此著《原道》一文以斥之。《原道》的内容很浅薄，并不能折服佛徒。但他在文中提出尧、舜、禹、汤、文、武、周、孔相传的道来，为后世理学家道统说之滥觞。他又著《原性》，

韩愈

主张性有三品之说，于古代人性的争论上又添一新说，不过无甚影响。总之，就学理说，韩愈本没有什么特见，就事实的影响说，韩愈确是后来宋朝理学家的远祖。他的道统说，他的辟佛举动，都是后来理学家所竭力模仿的，也可谓豪杰之士了。

柳宗元

三、柳宗元、刘禹锡的进化论派。与韩愈同时的有柳宗元和刘禹锡二人，也是文学革命的健将，在思想上也很有独到之处。刘禹锡著《天论》三篇，主张人是进化的，人力可以胜天，柳宗元附和其说，并为更进一步的解释，以为天是无知之物，人可以鞭策驱使他。他的文集中发挥这种思想的很多。这种思想若有人发挥光大起来，倒可以战胜佛学，可惜刘、柳二人受政治的压迫，窜迹南荒，言论不为人所重视。加以唐时讲学的风气未开，虽有思想无法传布，因此在当时及后世竟毫无影响，也不足为怪。

四、李翱的《复性书》派。李翱是韩愈的侄婿，学术根本与韩愈颇相类，但似较韩氏稍高明些。他曾著《复性书》三篇，主张性本是善的，因为受了情欲的蒙蔽，所以昏了，修道的要旨就是恢复性的本体。这种说法本来是偷窃佛教的皮毛，没有什么精义。但到了宋朝，经程、朱诸理学家一番发挥，演为天理人欲之说，就成了理学的中心思想了。

五、吕岩的道士派。吕岩就是今日道士们崇拜的纯阳祖师吕洞宾，相传是唐朝中叶的人，后来得了道，遂为道教崇拜之中心。此人的有无虽尚未定，但我们不妨姑假其名以代表唐朝的道教。原来道教自东晋葛洪以后，已成立了一个系统，后经北魏寇谦之等的努力，形式上也成了宗教组织了。但当时佛教势力盛极一时，道教终不能与之抗衡。到唐朝兴起以后，因为与道教始祖老子同姓的关系，故推尊道教，定为国教。道教得了这种政治上的帮助，遂极端发展起来。道教寺观遍于天下，公主和宫人出家为女道士的很多，与唐朝文学之发展很有关系。道教势力既然这样发展，自然于思想界不能毫无关系。因此中唐

吕岩

以后，种种神仙服食之说，乘之而起。一部《道藏》的许多理论都是从这时候筑基的。后来对于宋朝理学的影响也很大。

六、陈抟、种放的隐逸派。道教的势力既然在唐朝很盛，因此派别也很多，到了五代末宋初出来了一个别派，就是陈抟、种放一派。二人都是当时的隐士，号称道士，但与普通妖言惑众的道士不同，故很得当时士大夫和民众的信仰。他们是《太极图说》的创意人，是拿《周易》和道教学说联络到一处的过渡人，自魏、晋以后儒、道两家久无调和的余地，到这时才又调和起来，从此就创出理学的哲理来。

七、孙复、胡瑗的实践派。孙复、胡瑗都是宋真宗、仁宗时代的名儒，二人的学风虽然不尽相同，但大体上是主于躬行实践。自六朝、隋、唐以来，儒者讲学的风气久已不开，因此除佛教以外产不出什么大思想家来。到宋初这几个人出来，才将讲学的风气重新唤起，而胡瑗手创的安定书院制度，尤为后此学者所模仿。宋朝儒学的复

宋真宗

宋仁宗

范仲淹

欧阳修

兴，二人不能说不是功臣了。

八、范仲淹的经世学派。范仲淹是宋朝一个大政治家，但同时也是一个思想上的革新者。他的论政论史都有特识，有许多和王安石很相似。他主张存心以仁为本，与后来大程及陆、王一派的持论颇相同。朱熹曾许他为宋朝唯一的完人，可见他与南宋理学的关系了。

九、欧阳修、李觏、王安石的功利学派。欧阳、李、王三人都是江西人，他们的学风虽无师传授受的痕迹，但颇相近。他们是彻底的功利主义者，对于当时佛教化的虚玄思想根本反对，主张以实际的事功来证实理想。他们实在是宋朝理学的正对头。可惜自王安石政治试验失败以后，连学说也联带埋没不彰，正与唐朝柳宗元一派的受屈相似。

十、邵雍的术数学派。邵雍是一个隐者，他的乐天主义，他的平民精神，都很值得人佩服的，但他在当时及后世影响最大的还在他的术数之学。他著《皇极经世》一书，主张循环的宇宙观，后来中国人多受其影响。与他同时交好的司马光也曾著《潜虚》一书，大约也是受了他的影响。

邵雍

司马光

《皇极经世》

周敦颐

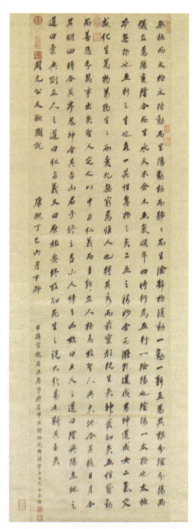

十一、周敦颐的《太极图说》派。宋朝受了唐朝的影响，道士派的思想很盛，邵雍、司马光的术数之学，就是这种思想的表现。同时有一个周敦颐著《太极图说》一书，拿陈抟、种放等道士的学说来解《易》。他的为人本无足重轻，但他的学说后来为程、朱所采用，因此就尊为宋朝五子之首。与他同时的刘牧著《易图》五十五篇，也是受之于种放，与周氏渊源相同。

十二、张载的《正蒙》学派。张载是关西的大儒，他的学说确有独到之处，《正蒙》和《西铭》二篇，主张万物一体的学说，能言人所未言。可惜他身后没有得力的弟子来传他的学派，因此虽然名义上与周、程、朱等并尊为宋五子，实际上学说思想倒反埋没不彰了。

沈荃手书《太极图说》轴

十三、程颢的存仁学派。二程虽然是弟兄，其实学派大不相同，大程主张存仁之说，以为先养其大体则小体自然好了，这种学说正为陆、王所自出，末流流于禅宗，也是理所当然。

十四、程颐的正统学派。程颐的学风比乃兄大不相同，极为严肃刻苦，事事不苟，他的弟子很多，到南宋时遂蔚成大宗，为正统学派之祖。

张载

总观唐、宋二代的学说思想的大势，唐朝的思想除佛教以外，殆无足观者，当时的文豪如韩、柳等偶有所见，也都不引而未发，于当时毫无影响。到宋初佛教势力既衰，反动思想才纷纷萌芽。大抵可分为三大派：一派是儒家的正统思想，孙复、胡瑗乃至二程都属之；一

程颢

程颐

派是道教的术数思想，陈抟、种放乃至刘牧、周敦颐、邵雍都属之；一派是类似法家的功利思想，欧阳修、李觏、王安石等属之。后来道教派归并到正统儒家思想之内，而正统派与功利派又因思想之争演为政治之争。功利派政争失败，正统派遂独占了南宋以后的思想界。但不久内部又分出两派来，一派主张由一理以推之万事，一派主张由万事以归于一理，这是朱、陆之所以分。在北宋末年，二程弟兄便已有这种不同的趋向了。

第十二章

宋朝理学的起源及其成立之经过

　　中国号称是以孔子之道为大本的国家，但历史上真正以儒家的思想为正统思想的，有几年呢？战国以前，百家争鸣，儒家虽有相当的势力，但尚得不到唯我独尊的地位，固不必说。汉武以后，罢黜百家，表彰六经，加以东汉光武、明、章诸帝，崇儒重道，似乎应该是儒家独霸的时代，但是在思想史上有什么表见的，我们只看见许慎、贾逵、服虔、马融、郑玄，一般经师们在那里抱残守缺，咬文嚼字，丝毫没有一点独特的思想。董仲舒的繁猥，扬雄的剽窃，就算代表儒家的思想家了，反不如反对儒家的《淮南子》和《论衡》，倒还有几分特色

贾逵

服虔

可取。这算是儒家正统思想的表现吗？魏、晋以后，始则老学流行，继则佛学鼎盛，儒家只好拿王通、韩愈一班人来勉强撑持门面，更不必说了。由此看来，自唐朝以前，这一千年中名为独尊孔子，其实儒家的思想丝毫无所表见，若不是宋儒出来重行抖擞一番，替儒家开创了一个新局面，则中国思想史上之能否位置儒家竟还是一个问题，无怪乎宋儒要说他们是直接孔、孟的道统了。

理学是南宋以后正式成立的，但在北宋时代已经酝酿很盛。我们在前章已经说过，周、张、二程乃至邵雍都是南宋理学的先导，不过直到朱熹才具体成了正统形式罢了。究竟这种占历史上六七百年正统位置的宋明理学是怎样会发达起来的呢？

宋朝自开国以后，历代君相就很提倡文治。宋太祖很喜欢读书，他曾说"读书知为治之道"，因为此对于臣下如赵普、曹彬等都极力劝他们读书。宋太祖更好文学，他曾诏史馆修《太平御览》一千卷，立崇文院，又作秘阁藏书凡八万卷，因此风气一开，文治事业就渐渐进步起来。宋朝自太宗伐辽大败以后，就绝口不言兵事，从太宗朝以

宋太祖

宋太宗

《太平御览》

富弼

至于真宗、仁宗，这六七十年之中社会上太平无事，文化自然容易发展。到了仁宗朝，当时的宰相大臣如韩琦、富弼、范仲淹、欧阳修等都是很能提拔人才、崇奖学术的人，经过他们一番提倡，学术界自然会有了生气，这是理学发达的第一个原因。

当时的教育制度，也很有裨于理学的发展。原来自六朝、隋、唐以来，官立的学校颇为发达，私人讲学之风久已消沉。自晚唐以来官立学校受政治的影响，久成具文，于民间才有私立的学校出现以代之，这种学校便叫作书院。宋朝以后，这种书院经政府的鼓励，学者的提倡，遂到处发展起来。最著名的有白鹿洞、岳麓、应天、嵩阳四大书院。其制度职教员有洞主、洞正、堂长、山主、山长、副山长、助教、

《莲池书院图》（局部）

讲书等名目，房屋有礼殿、讲堂、书库、学舍、庖、溷等建设。教师所讲，为教师自做的叫做讲义；随便问答，由学生记录的，叫做语录。统观这种制度，显然是受了佛教的影响。宋朝的理学便在这种适当的教育环境中涵育出来。

还有刻书业的发达也是很有助于宋朝学术的。古代中国书籍多用手抄，甚为困难，故不易普及。唐朝才有雕版发明，但未能为重要的应用。五代时冯道奏请将九经雕版，于是印书才在社会上发生了重大影响。宋朝承着这个趋势，雕版事业大为

宋青铜雕版

发达，各种重要书籍多印行出来，学者读书既易，研究自然也较发达。当时宏通的学者多有藏书极富的，考证事业所以起于南宋，也是这个道理。

以上所述还是客观的环境，虽然理学的发达有赖于客观的环境不

少，但究竟还不是主要的原因，主要的原因仍是在思想界本身的观摩现象，在这一方面最有助于理学的是佛、道二教的思想。

理学发达的最重要的助力是佛教，这是人人所知道的。佛教到了晚唐，各宗都已衰歇，唯有禅宗的势力笼照一世。禅宗自六祖慧能以后，分为临济、沩仰、云门、法眼、曹洞五宗，宋初诸宗以云门为最盛，有契嵩、重显、居讷、佛印诸人，最有名。临济宗又分黄龙、杨岐二宗，前者为慧南禅师所开，后者为方会禅师所开。黄龙门下有常总、性清、宁、惟清诸人，杨岐宗之有名的，有圆悟、宗杲、道谦、德光诸人。和儒家往来最密的，在北宋是常总，在南宋是宗杲。周敦颐和慧南、常总都有来往，又参佛印；杨时亦尝从常总问答。此外李觏之于契嵩，欧阳修之于居讷，游酢之于宁，陈瓘之于惟清、明智都有原因。朱熹曾参宗杲，陆九渊也曾参德光。这些儒者与佛教徒的来往既如此之密，其思想受佛教影响自不必怪，因此理学发达以后，在外表方面如讲学的方式，如书院的组织，如静坐的提倡，都是受的佛教的影响，在学理方面自更不必提了。

还有道教，对于理学的影响也是很大的。原来道教当南宋之际，分为南北两派，南则天台张用诚，其学先命而后性，北则咸阳王中孚，其学先性而后命，这些正统的道家，似乎与儒家的关系尚少。与理学关系较深的，乃是道教的一个别派。当五代、宋初的时候，有一个道士陈抟，很有理想。他能够以《易》理牵合道教，因此道教的价值就又提高一点。周敦颐、邵雍都是受他影响最深的人。周氏的《太极图》，邵氏的《先天图》，都是出自陈抟。陈抟传种放，种放传穆修，穆修传周敦颐和李之才，李之才又传邵雍。《太极图》和《先天图》都是宋朝哲学思想的中心，而其源乃出自道家，可见道家对于理学关系之深了。

我们虽然知道佛、道二家对于理学的兴起都有很大的影响，但我们切不可武断地说理学就完全是佛、道二家思想的出品，我们须知道儒家的学说中本已含有理学的成分很多，到宋儒出来参考了佛、道两家的思想才将他发挥光大是有的；若说宋儒的思想全不是儒家本来面目，那就未免厚诬宋儒，抑且厚诬古代的儒家了。

我们若承认《论语》确是孔门弟子的记录，那么我们就应当注意里面已经有许多抽象的理论如同问仁之类，孔丘之所谓仁并不只是具体的伦理条目，实在还含有哲学的意味，如同说"回也其心三月不违仁"之类，请问仁若不是一种哲理的概念，怎样拿心来不违他？可见在孔丘时代这种含有哲学意味的问题已经略略提起了。到了孟轲时代，为一个性善恶的问题打官司打得不得开交，儒家的哲学意味更进一步了。汉朝儒者所结集的《大戴记》《小戴记》，其中如《礼运》《祭义》《中庸》《乐记》诸篇都有很精粹的哲学理论，可见儒家至少到战国末汉初已经发达了哲学意味的理论了。不幸自汉武以后，儒家反因为受了政治上奖励的恶影响，将哲学理论完全抛弃，让许多抱残守缺的经师们来承继儒家的正统，因此这种引而未伸的儒家思想就不免暂时被人埋没了。东汉的经师们见解更鄙下，对于这种宝藏自然更不懂得去理会，所以到东汉末年大家厌弃经师的迂腐事业的时候，只有向老、庄等寻取高超的理想，儒家的观念竟无人去注意。儒家这样被忽略了六七百年，直到禅宗的心学掩袭了一世以后，儒家受了这种暗示，才晓得自家屋里原来也有同样的宝藏，大家又重新注意发掘起来，这就是宋朝理学所以兴起的原因了。

理学成立于二程而光大于朱熹，这不过是就发达以后的情形而言，若讲起渊源来，则为时已甚久了。当佛教在唐朝势力掩袭一时的时候，儒家如王通、韩愈、李翱等已有反抗的表示，就中李翱的《复性书》

朱熹

胡瑗

颇多精粹之语，已开理学的端绪。不过风会初开，尚未能卓然成一家之言罢了。宋朝自开国以后，经过七八十年的太平休息，于是有孙复、胡瑗诸儒出，胡瑗在湖州创立书院制度，分治事、经义二斋，造就人才至多，宋儒讲学风气之开，实自胡氏始。孙复则隐居泰山，聚徒著书，以治经为教，所著《春秋尊王发微》语深意刻，已具有理学的精神。他的弟子石介著《怪说》《庆历圣德诗》等，开宋人门户之争。这几个人可说是理学的开山祖师，后来的理学家虽然不以他们为直系的祖宗，其实彼此的关系是很深的。自孙、胡诸人开创了讲学风气之后，儒家似乎开了一条新路，那时正是宋仁宗时代，国家太平无事，在朝的大臣如范仲淹、欧阳修等都是学者出身，对于学术极力提倡。宋朝文学受欧阳修的影响最大，宋朝理学受范仲淹的影响最大。孙复、胡瑗都是经他提拔以后才成名的，张载也是经他的鼓励才有志于理学，所以朱熹称他为宋朝的唯一完人，可见他与理学家关系之深了。继范仲淹以后的又有司马光，也是以大臣而为理学家的保法者。他领袖旧党与王安石一流的新党相争，当新派得势的时代，退居洛阳二十余年，一时反对新法、怀抱保守思想的人都与他来往，洛阳遂成为政治和思想的中心。但是这一派人在政治上的影响并不大，他们的势力还是深种在思想界中，后来理学大师二程就是在这种环境之中长养成的。

当时在洛阳与司马光往来最密的有一个邵雍，他是一个乐天主义的哲学家，他的学说是纯粹以术数为根据的，他曾受"先天象数之学"于李之才，李氏的学问是陈抟、种放一派，因此邵雍的学说实在是道家的学说，不过因他与二程的关系很深，故后来的理学家不加以攻击罢了。他所著有《观物内外篇》《先天图》《皇极经世》等书。他主张"物莫大于天地，天地生于太极，太极即是吾心，太极所生之万化万事，即吾心之万化万事也，故曰天地之道备于人"。这种糅合道、佛二家思想的宇宙根本观，后来颇为理学家所采用。

与邵雍同时的，有一个周敦颐，他是湖南道县人，曾在江西等处为官，晚年隐居庐山底下的濂溪。他生平足迹多在南方，故与北方学者的往来较少，但因二程少时曾受学于他，故他的思想后得了这两个有力的弟子而大发扬。他所著有《太极图说》和《通书》。后来理学家的宇宙根本概念，即根据于周氏的《太极图说》。故我对于这个《太极图》必须加以注意的。周氏的《太极图》如右：

《太极图说》解释这个图的意思说：

> 无极而太极，太极动而生阳，动极而静，静而生阴，静极复动，一动一静，互为其根，分阴分阳，两仪立焉。阳变阴合而生水火木金土，五气顺布，四时行焉。五行一阴阳也，阴阳一太极也，太极本无极也。五行之生也，各一其性；无极之真，二五之精，妙合而凝，乾道成男，坤道成女，二气交感，化生万物，万物生生而变化无穷焉。唯人也得其秀而最灵。

这一段糅合阴阳五行之说，又窃取道家的说法立了一个"无极"作根本，后来因为这个问题引起了许多理学家的争论。其实周氏这个图和说，据清儒考据原是受之于穆修，穆修受于种放，种放受于陈抟，与邵雍的《先天图》同是道家思想的产物，不过后来儒家误认为己有的罢了。周敦颐和邵雍，在北宋虽然为人尊重，但都认为理学的旁系，并不尊为正统，到南宋以后，经朱熹的特别提倡，才将周氏列于正统，从此以后，周氏遂蓘然居宋五子之首席了。

较周敦颐略后辈的有一个张载，他是陕西郿（眉）县人，少年曾有志于功名，后经范仲淹的陶冶，始转治理学。他与二程是亲戚而兼朋友，彼此所学虽相近而不尽同。所著有《正蒙》《西铭》《经学理窟》《性理拾遗》等书。《正蒙》是他的宇宙观，《西铭》是他的人生观。《正蒙》上说：

> 太和所谓道，中涵浮沉、升降、动静、相感之性，是生絪缊、相荡、胜负、屈伸之始，其来也几微易简，其究也广大坚固。……散殊而可象为气，清通而不可象为神。

张氏所说的太和是阴阳会合冲和之气，他以为这就是道，道之合即含有动静沉浮等性，与《太极图》说的"无极而太极"之说似有不同，故朱熹说他只说的形而下者，不甚重视。他的学说之较有力者，还在《西铭》一篇。它的内容略谓：

> 乾称父，坤称母，予兹藐焉，乃浑然中处。故天地之塞，吾其体；天地之帅，吾其性。民，吾同胞；物，吾与也。大君者，吾父母宗子；其大臣，宗子之家相也。尊高年，所以长其长；慈孤弱，所以幼其幼。圣，其合德；贤，其秀也。凡天下疲癃、残疾、惸独、鳏寡，皆吾兄弟之颠连而无告者也。于时保之，子之翼也。乐且不忧，纯乎孝者也。违曰悖德，害仁曰贼，济恶者不才，其践形，唯肖者也。知化则善述其事，穷神则善继其志，不愧屋漏为无忝存心养性为匪懈。……富贵福泽，将厚吾之生也；贫贱忧戚，庸玉汝于成也。存，吾顺事；没，吾宁也。

张氏这种万物一体的人生观，正是由他的泛神论宇宙观演绎出来的，有点与墨家之学相似，与理学的严刻态度稍有不同，不过因他与二程的关系较深，故仍被后世理学家加以尊视罢了。

理学的中坚分子还是程颢、程颐兄弟，故我们对于二人的学说更应注意。他们是河南人，世称为大小程先生，大程又称明道先生，小程又称伊川先生。兄弟们的学术虽然相近，但因各人性格的不同，也略有差异。大程的性格和易，故学说也和平近人，小程的性格端严，故学说也严苛不近人情，以后遂演成理学上的两大派。

大程所著有《识仁篇》《定性书》《语录》等书。《识仁篇》最为精粹。

学者须先识仁，仁者，浑然与物同体，义礼智信皆仁也。识得此理，以诚敬存之而已，不须防检，不须穷索。若心懈，则有防；心苟不懈，何防之有？理有未得，故须穷索；存久自明，安待穷索。此道与物无对，大不足以明之。天地之用，皆我之用。孟子言"万物皆备于我"，须"反身而诚"，乃为大乐。若反身未诚，则犹是二物有对，以己合彼，终未有之，又安得乐？"

《定性书》说得更好：

所谓定者，动亦定，静亦定，无将迎，无内外。苟以外物为外，牵己而从之，是以己性为有内外也。且以己性为随物于外，则当其在外时，何者为在内？是有意于绝外诱，而不知性之无内外也。既以内外为二本，则又乌可遽语定哉？夫天地之常，以其心普万物而无心；圣人之常，以其情顺万物而无情。故君子之学，莫若廓然而大公，物来而顺应。《易》曰："贞吉，悔亡，憧憧往来，朋从尔思。"苟规规于外诱之除，将见灭于东而生于西也。非惟日之不足，顾其端无穷，不可得而除也。人之情各有所蔽，故不能适道，大率患在于自私而用智。自私，则不能以有为为应迹；用智，则不能以明觉为自然。今以恶外物之心，而求照无物之地，是反鉴而索照也。《易》曰："艮其背，不获其身；行其庭，不见其人。"孟氏亦曰："所恶于智者，为其凿也。"与其非外而是内，不若内外之两忘也。两忘则澄然无事矣。无事则定，定则明，明则尚何应物之为累哉！

程颢这种主张是先立其大本的修养方法，后来陆、王一派不过从此演出，更加彻底罢了。

程颢在理学上建设极大，但是他的年寿较短，仅活了五十四岁就死了，因此他的学说未能十分光大。他的兄弟程颐仅小他一岁，却活到七十五岁，因此后来理学遂得程颐一派所垄断了。

程颐首创理气二元之论，他说："气有善有不善，性则无不善也。"性是什么呢？"性则理也"。因此理与气是不同的。理是纯然善的，气则有善有不善，人生性的本体本是善的，但因禀赋气质之不同，故有善恶之不同。他在语录上说：

> 问："人性本明，因何有蔽？"曰："此须索理会也。孟子言人性善是也，虽荀、杨亦不知性。……性无不善，而有不善者，才也。性即是理，理则自尧、舜至于途人，一也。才禀于气，气有清浊，禀其清者为贤，禀其浊者为愚。"

又说：

> 性即理也，所谓理，性是也。天下之理原其所自未有不善，喜怒哀乐未发，何尝不善？发而中节，则无往而不善。发不中节，然后为不善……

程颐这种人性二元论，后来经朱熹的解释，更加详晰，遂成为理学的根本原理。而"性即理也"一语，尤为理学的最精髓处。

程颢论修养的方法，只从识仁入手，他以为只要识其大体，则小体自然顺从，这是演绎的修养方法。程颐则不然，他是一个拘谨的人，他的学问也是从用苦功得来的，因此他的修养方法更加繁密，且兼重归纳。他尝说："涵养须用敬，进学则在致知。"又说："只守一个敬字，不知集义，却是都无事也。"又说："敬义夹持，直上达天德自此。"他的大旨是主修养之方须理智与意志并用，自此旨一立，到朱熹更加详细发挥，遂成为"穷理""主敬"的双翼修养论，与大程、陆、王一派的专从直觉入手、忽略理智工夫的修养论，遂俨然如水火之不能相容了。

从周、张、二程以来，理学的内容逐渐充实，壁垒逐渐森严，同情的人也很多。这时他们最大的敌人是江西派的思想家，从欧阳修、李觏，以至王安石，他们都主张功利的，主张以外治内的，主张变法革新的，到王安石时代两派遂因思想之争演而为政治之争。结果虽互有胜负，究竟新派在政治上占胜利的日期较多，故理学家大受压迫。不过新派自王安石死后，没有伟大的思想家承继，又因得政较久之故，许多小人都依附起来，因此反日趋于坏，而旧派转因禁锢的结果，得以专心讲学，在思想上的成就一天一天宏大起来。反对新法的思想家虽有邵雍、司马光、张载、苏轼、程颐等许多派别，但邵雍专意数理，

苏轼

学问太艰深，没有传人，司马光是实行家，苏轼是文学家，都没有什么思想上的建树，结果只有张、程二家之学较显。张载之学世称关学，二程之学世称洛学。关学规模稍狭，张载又死得较早，故其学也中衰，只有洛学岿然如鲁灵光之独存，故程颐以后的理学就是洛学一派独占的理学了。

程颐的弟子很多，他的学说传

布得也很广，以地域论，约分为下数系：

一、洛中本系。这一系有吕希哲、谢良佐、刘绚、李吁、朱光庭、郭忠孝、尹焞、张绎诸人。就中谢良佐和尹焞最为著名。尹焞最后进，寿数最长，守师说也最严。他再传有吕祖谦、林之奇、陆景端、林光朝诸人，皆为南宋名儒。

吕祖谦

二、南剑系。程门弟子以游酢、杨时、谢良佐、吕大临四人最著名，世称"程门四先生"。就中杨时为最老寿，南渡以后岿然成为大宗。南宋理学的大兴，他的过渡的功劳最大。他是福建南剑州的人，他的弟子有罗从彦、陈渊、张九成、高阅、吕本中诸人。罗从彦传弟子李侗，李侗传弟子朱熹，朱熹是集理学大成的人，探原追始不能不以杨时的功劳最大。相传杨时从程门辞别南归的时候，大程子送他说"吾道南矣"，后来南方果然赖他而大传。

三、蓝田系。陕西原是张载一派学说的发源地，但张载的学说并未光大。当时蓝田有吕大忠、大钧、大临弟兄三人，本是张载的弟子，后来又事程颢，《识仁篇》就是为他做的。这一派后来因金人之乱，中绝无可考。

四、永嘉系。当程学正盛的时候，浙江永嘉有许景衡、周行己、刘安节、刘安上、戴述、赵霄、张辉、沈躬行、蒋元中诸人，或亲见小程子，或私淑他，世称为永嘉九子。周行己之后有郑伯熊，再传为叶适、陈傅良、陈亮诸人，遂独立成为一派。

五、湖南系。这一派的开创者为胡安国,他是从杨时、谢良佐等得程氏之传。南渡以后,很有功于程学的发展。他的三个儿子胡寅、胡宁、胡宏和侄儿胡宪都是理学名儒。后来张栻问学于胡宏,卓然自成一大家。

六、涪陵系。谯天授是四川涪陵人,在程门为私淑之列,后来遂传程学于四川。朱熹、张栻之学都间接和他有关系。

张栻

七、吴系。吴人王苹也师事程颐,并问学于杨时,他的学问很启佑九渊一派之先。

二程虽然在北宋遭受政治上的极端压迫,但因为他的弟子众多,散布在各方,因此虽遭南渡之乱,学问不但不衰,反有日盛之势。到朱熹、张栻、吕祖谦、陆九渊等出来,理学遂又有一番新面目了。

第十三章

理学的大成和独占

　　理学到了北宋已经成立了一大部分了，但是若无南宋以后继起理学家的努力，则理学后来能否独占了中国的思想界，成为六七百年中唯一的正统学派，尚未可知。为什么呢？理学在北宋的成立最晚，孙复、胡瑗乃至司马光诸儒虽然笃行实践，绰有理学家之风，但系统未成，不得目为完全的理学家。到理学的真正创始人二程出来，已经快到北宋之末了，程颐身后二十年北宋就为金所灭了，因此理学在北宋并没有多大时期发展。并且当理学初成立的时代，正是政治上新旧两派竞争最烈的时代，理学家因为几乎全部属于旧派，受新派的压迫极力，诸君子保身不暇，何能尽量发展学派势力，因此理学在北宋实在并没有多少成绩。直到南渡以后，经继起的理学家在各方面努力，理学才深入社会的中心，虽经秦桧、韩侂胄两次的压迫，抵抗之势力反愈大起来，到史弥远以后权臣们对于理学便不敢再压迫，只有改用笼络的手段了。恰巧宋理宗又是个爱好理学的人，当时理学家如真德秀、魏了翁诸人也都位至显宦，经此政治上一番提倡，理学的势力遂坚固不拔。元朝又有许衡、刘因诸人，能够因时变动，利用政治的势力，因此野蛮的蒙古人不但对于理学不加摧残，反加保护。到明太祖、成祖又因与朱熹同姓的关系，特别提倡理学，以遂其专制之私心，理学因此就成了几百年来的正统了。

　　由此看来，南宋的理学比北宋更值得令人注意。南宋初年承北宋

亡国之余，戎马流离，本无暇于
学术，不过杨时、游酢、谢良佐
等门人多在东南，因此理学在社
会上本有一部分潜势力。高宗时
代，赵鼎、张浚当国，颇引用理
学家，因此理学稍盛，后因张浚
和赵鼎不合，荐陈公辅为左司谏，
陈公辅遂奏请禁伊川之学，结果
理学遂复被禁，而赵鼎也因此去
职。秦桧当国以后，颇主王安石

宋高宗

新学而排斥程学，目为专门之学，申禁极严。秦桧死后，学禁少弛，
而朱、陆、张、吕诸儒复相继挺出，理学遂又重光了。

　　这些理学家之中成就最大的自然要推朱熹，他不但是二程以后最
伟大的理学家，并且在天分上，在学力上，在气象上，都远过于二程。
理学到朱熹手里才完成整个的系统，也到朱熹手里才扩大为具体的宗
教，朱熹对于理学的功劳实在比二程大得多。

　　朱熹是安徽婺源人，他的父亲在福建做官，因此生于福建尤溪县，
他的一生学术和福建的关系极深。福建在宋朝本是刻书业最盛的地方，
文化因此较为发达。南宋以后，政治中心迁到浙江，福建距离较近，
风气自然更为开通。程颐的最得力弟子杨时本是福建将乐县的人，南
渡以后，享寿最久，成为理学的大宗。他的弟子罗从彦，罗从彦的弟
子李侗，都是他的同乡，因此理学在福建就流传成一派。朱熹自幼从
学于李侗，故推源其思想所自，出于杨时一系。其实罗从彦和李侗都
主张从静坐中去观察喜怒哀乐未发时气象，其为学方法颇近于陆九渊
一派，与朱熹的主张未尽相同，朱熹的学问实在还是他自得为多。

朱熹在思想上最大的建树是在他将程颐的理气二元论扩充成很有条理的思想。他以为理气是二物，但在物上看则二物浑沦不可分开各在一处，人性具有这两方面的禀赋，理是纯善，气则有善有恶，修养的方法在锻炼气质之性使合于天理而已。这种说法本是自二程以来就已成立的，不过怎样变气质使合于理性，周敦颐以为只要主静，程颢加了一个敬字，程颐以为还不够，提出"涵养须用敬，进学则在致知"二语，朱熹因之大加发挥，遂成为"穷理主敬"的双立修养论。他说：

> 讲学不可以不精也，毫厘之差，则其弊有不可胜言者。故夫专于考索，则有遗本溺心之患；而骛于高远，则有躐等凭虚之忧：二者皆其弊也。考圣人之教，固不越乎致知力行之大端；患在人不知所用力尔。莫非致知也，日用之间，事之所遇，物之所触，思之所起，以至于读书考古，苟知所用力，则莫非吾格物之妙也。其为力行也，岂但见于孝悌忠信之所发，形于事而后为行乎？自息养瞬存以至于三千三百之间，皆合内外之实也。行之力则知愈进，知之深则行愈远。

又说：

> 为学当以存主为先，而致知力行亦不可以偏废。

原来理学的起源本自道家演出，故周敦颐只说一个静字，完全是主内之学，到二程手里觉得这种说法不完备，才提出主敬、致知等说，逐渐向主外的方法演进，这种主张到朱熹才十分完备。他们的主张虽然和北宋李觏、王安石等江西派，及南宋陈亮、陈傅良等永嘉、永康派比较起来，还是偏于主内，但较之原始的理学和后来陆、王一派的主张比较起来已经是主外的了。要之穷理主敬之说，在当时实在是折衷调和之论，既不左倾，又不右倾，其所以能餍服人心者在此。

就全部理学运动史讲起来，朱熹最大的功绩还不在他对于思想内容的建树，而在他的综合工作。他是理学的集大成者，他所著书有《论语》《孟子》以及《诗集传》等，在经注上是一大革命，一扫汉人支离附会之习，专以义理说经，虽然有时不免武断以致受清儒的攻击，但较之汉人实在是一种进步。此外又著《太极图》《通书》《西铭》解，周敦颐、张载二人之得列于理学正统是由他的提倡之力。《太极图》的宇宙观，为理学所正式采用也是由于他。他又编次《近思录》《河南程氏遗书》《伊洛渊源录》等书，二程学说之整理和理学的渊源系统都赖他的劳作而完成。他的家礼为后来理学家的言礼所宗。他的工作实在是普及理学全部的。并且他又是个博学多能的人物，对于文学和历史都有很深的了解，甚至竟有类似近世科学的言论，如语录中有一段：

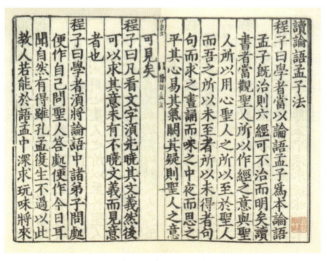

《四书章句集注》

> 天地始初，混沌未分时，想只有水火二者，水之滓脚便成地。
> 今登高而望，群山皆为波浪之状，便是水泛如此，只不知因甚么
> 时凝了，初间极软，后来方凝得硬。

又说：

> 尝见高山有螺蚌壳，或生石中，此石即旧日之土，螺蚌即水
> 中之物。下者却变而为高，柔者却变而为刚，此事思之至深，有
> 可验者。

这些话虽未尽符近世自然科学的发现，但在七百年前的人物能够
注意到这些道理，也可为不凡了。原来朱氏之学本从格物入手，他的
穷理致知之说，实在是近代科学家的态度。他既然主张这种方法，自
然与佛、道两家冥心静想的修持方法大不相同。此所以与功利派的永
嘉学者尚能相合，而对于陆九渊一派的主静学却反极端不相容的道
理了。

与朱熹同时齐名而学问宗旨相同的有张栻，他本是丞相张浚之子，
张浚在高宗朝曾反对理学，后来被谪以后转与理学家接近。张栻少年
师事胡安国，胡氏之学本从二程衍出，别成一派，张栻从而发挥光大
之，由此湖南之学得在学术史上占一主要位置。张栻论学宗旨多与朱
熹同，故极为朱熹所推服，但张栻死得早，学问未能大成，门人又没
有得力的，其后合并于朱学不复能自成一家了。

当时与朱熹讨论学理最烈的是陆九渊，他是江西金陵县的人。弟
兄三个，长九韶，世称梭山先生，次九龄，世称后斋先生，三即九渊，
世称象山先生。他三人都是有名的理学家，九渊尤为著名。

九渊在宇宙论上对于周敦颐的
《太极图说》很致怀疑，他以为先
有无极而后太极是道家的宗旨，与
儒家不类，不应尊信，为此事曾与
朱熹往复辩论，在学术史上是一重
大公案。他的学说的中心在"心即
理也"一语。他曾说：

陆九渊

> 心，一理也；理，一理也；
> 至当归一，精又无二，此心此
> 理，实不容有二。

又说：

> 万物森然于方寸之间；满心而发，充塞宇宙，无非此理。

这种"节理"的观念实在是陆氏学说的精髓，他与朱熹学说不同
之点在此，朱氏以为理虽然只有一个，但须用学问工夫去慢慢研究才
能觉悟，陆氏则以为至理即在本心，只要心一觉悟，自然万理贯通，
无待外求，因此对于修养方法两派主张大不相同。朱主"道问学"，
以为从格物入手，物理既穷，自能豁然贯通；陆主"尊德性"，以为
先立乎其大者，则自然百川会归。朱、陆二子生时彼此意见已经不同，
鹅湖之会，为两家正式分离之始。陆氏先卒，故其学在宋、元不如朱
学之盛，到明朝王守仁出而提倡良知之说后，陆氏之学始大显。要之
陆氏之学较近于禅，为不可掩之事实，其直捷痛快，能使人勇猛进精，

则似又较胜于朱学也。

当朱、陆两派争持不决的时候，能够于两家之外别树一帜的则有吕祖谦、薛季宣、陈傅良、叶适、陈亮诸人，这些人都是浙东的人，学问宗旨又大致相近，故世称之为浙学。但细分起来，又可区为三派，吕祖谦是婺学派，薛、陈、叶三人是永嘉派，陈亮是永康派。

吕祖谦是浙江金华人，宋初宰相吕夷简之后，在宋朝是个极著名的世家。他父亲吕本中也是杨时的弟子，故吕氏之学也源出于二程。但祖谦的学问宗旨却与当时理学家不尽相同。他对于当时理学家的空谈心性是不大赞成的，他主张为学当以切用为主。他曾说：

> 教国子以三德三行，立其根本，固是纲举目张；然又须教以国政，使之通达治体。古之公卿，皆自幼时便教之，以为异日之用。今日之子弟，即他日之公卿，故国政之是者，则教之以为法；或失，则教之以为戒。又教之以如何整救，如何措画，使之洞晓国家之本末源委，然后他日用之，皆良公卿也。自科举之说兴，学者视国事如秦、越人之视肥瘠，漠然不知，至有不识前辈姓名者，一旦委以天下之事，都是杜撰，岂知古人所以教国子之意。然又须知上之人所以教子弟，虽将以为他日之用，而子弟之学，则非以希用也；盖生天地间，岂可不知天地间事乎！
>
> ——《礼记说》

这种主张是很切当时实际的，可惜不为理学家所重视。他对于当时理学家的谿刻态度也不赞成的，他的学问宗旨与陆九渊本绝对相反，但鹅湖之会是他发起，他却绝不作左右袒，反调停其间。他曾与朱熹书说：

析理当极精微，虽毫厘不可放过；至于尊让前辈之意，亦似不可不存。

可见他对于朱熹的争辩态度是不大赞同的，朱熹也不满意他，说他太含糊了些。不过二人的交谊很好，故理学家对于吕氏也还尊重，列他于统系之内。

永嘉派的开创人是薛季宣，薛季宣是袁溉的弟子，袁溉曾师事程颐，故永嘉派的学统也传自二程，但自袁溉以后，就都注意于制度文物，不屑屑于空谈心性。薛季宣以后有陈傅良，陈傅良以后有叶适，一派相承，都是主外之学。叶适的《水心习学记言》上说：

《洪范》耳目之官，不思而为聪明，自外入以成其内也。思曰睿，自内出以成其外也。故聪入作哲，明入作谋，睿出作圣，貌言亦自内出而成于外；古人未有不内外交相成而至于圣贤。盖以心为官，出孔子之后。以性为善，独自孟子始。然后学者尽废古人入德之条目，而专以心性为宗主；虚意多，实力少，测知广，凝聚狭，而尧、舜以来内外交相成之道废矣。

这是对于当时道学家专重内部修养的一种反响。他又说：

耳目者，视听之官也。心而无与乎视听之事，则官得守其分。夫心有欲者，物过而目不见，声至而耳不闻也。故曰上离其道，下失其事。故曰心术者，无为而制窍也。案孟子称耳目之官不思而蔽于物。心之官，则思余论之已详……则执心既甚，形质块然，视听废而不行……盖辩士诸子之言心也……其为心术之害大矣。

《洪范》"思曰睿，睿作圣"。各守身之一职，与视听同；谓之圣者，以其经纬乎道德仁义之理，流通于事物变化之用，融畅沦浃，卷舒不穷而已。恶有守独失类，超忽惝恍，狂通忘解，自矜鬼神而曰此心术！

这更是对理学家的痛加攻击了。又说：

《周官》言道则兼艺，贵自国子弟，贱及民庶，皆教之。其言"儒以道得民"，"至德以为道本"，最为要切；而未尝言其所以为道者。虽书尧、舜时亦已言道，及孔子言道尤著明，然终不的言道是何物。岂古人所谓道者，上下皆通知之，但患所行不至邪？老聃本周史官，而其书尽遗万事而特言道，凡其形貌眹兆，眇忽微妙，无不悉具。予尝疑其非聃所著，或隐者之辞也。而《易传》及子思、孟子亦争言道，皆定为某物，故后世之于道始有异说而又益以庄、列西方之学，愈乖离矣。庶学者无畔涣之患，而不失古人之统也。

他们提出一个"艺"字，认为即是"道"的内容，这种思想正是后来颜、李学派所本。他们明白主张功利主义，认为只有功利才是道义的目的，没有无功利的道义，所以说：

"正谊不谋其利"，"明道不计其功"，此语初看极好，细看全疏阔。古人以利与人而不自居其功，故道义光明。后世儒者行仲舒之论，既无功利，则道义者乃无用之虚语耳。

他们这种功利思想在当时确是独有创见，可惜与时代潮流不合，就不免终于暂时受屈了。

比永嘉派更激进的还有个陈亮，他是浙江永康人，故又称永康派。陈亮本是个豪杰之士，不是讲学问之人，但因与朱、吕等为友，故也沾染谈学问的气习。他认为王霸义利有同等的价值，故对于当时理学家的义利之辨太严常认为不满。他说

> 自孟、荀论"义利""王霸"，汉、唐诸儒未能深明其说；本朝伊、洛诸公辨析天理人欲，而王霸义利之说于是大明。然谓三代以道治天下，汉、唐以智力把持天下，其说固已不能使人心服；而近世诸儒遂谓三代专以天理行，汉、唐专以人欲行，其间有与天理暗合者，是以亦能久长。信斯言也，千五百年之间，天地亦是架漏过时，而人心亦是牵补度日，万物何以阜蕃，而道何以常存乎？

又说：

> 赫日当空，处处光明。闭眼之人，开眼即是，岂举世皆盲，便不可与共此光明乎？眼盲者摸索得着，故谓之暗合。不应二千年之间，有眼皆盲也。亮以为后世英雄豪杰之尤者，眼光如黑漆，有时闭眼胡做，遂为圣门之罪人；及其开眼运用，无往而非。赫日之光明，天地赖以撑拄，人物赖以生育。今指其闭眼胡做时，便以为盲，无一分眼光；指其开眼运用时，只以为偶合，其实不离于盲。嗟乎，冤哉！

他骂当时的道学尤为淋漓尽致：

> 为士者必以文章行义自名，居官者必以政事书判自显，各务其实而极其所至，各有能有不能，卒亦不敢强也。道德性命之说一兴，而寻常烂熟无所能解之人，自托于其间，以端悫静深为体，以徐行缓语为用，务为不可穷测，以盖其所无；一艺一能，皆以为不足自通于圣人之道也。于是天下之士始丧其所有而不知适从矣！为士者耻言文章行义，而曰"尽心知性"；居官者耻言政事书判，而曰"学道爱人"：相蒙相欺，以尽废天下之实，则亦终于百事不理而已。

陈氏这种说法，切中当时道学之弊，可惜他的学问根柢太浅，行为又不检点，因此不为当时人所重，他的言论也就不能发生多大效力了。

南宋中年，反对朱熹的派虽很多，但都不能战胜朱学，故朱学为当时的正统，南方各省无不有朱氏的门人弟子。大致分起来，约有以下各系：

一、金华系。以黄榦为开始。黄榦系朱熹的女婿，这一派传授很长，榦传何基，以至于王柏、金履祥、许谦，世称为"金华四先生"。到元为柳贯、黄溍、吴莱，明为宋濂、方孝孺，一脉相承，接连有四百年之久。

二、鄱阳系。江西鄱阳饶鲁，也从黄榦传朱氏之学，其后到元朝有吴澄，世称草庐先生，为元代理学之大师。

三、新安系。新安董梦程也是从黄榦传朱学的，其后有许月卿以节著，胡一桂以经术显。

四、义乌系。这一派的开始人是徐侨，其后有黄溍、王祎等，皆文章之士，与金华系合并。

五、四明系。四明传朱学的有二派：一派是余端臣，从辅广传朱学，再传有黄震；又一派是史景正，从麀亚父间接传朱学，其后有程端礼、端学兄弟等。

以上不过是就后此朱学的传授最远的系统而论，若就朱熹及门弟子中最有魄力者而言，则当推建阳蔡氏父子蔡元定、蔡渊、蔡沈等。蔡元定和朱熹是以朋友而兼师弟的，他们父子都以数理著名，能于朱学之外别有发明，《书集传》就是蔡沈作的。宋末朱学之最显者有真德秀、魏了翁二人，他二人官职都很大，所以名望甚著，但于思想都没有什么新发明。朱熹因为以穷理格物为入学之方，他自身又是个博学多能的人，故他的一派后来颇有从考据文物制度入手的，如黄震、金履祥、黄溍、王祎等，都以文献之学著名，颇接近永嘉学派，开后此清儒考据之风，这也是朱氏讲学宗旨当然的结果。

陆氏之学远不及朱门之盛。陆九渊虽是江西人，但他的学派却偏在浙东发展，如杨简、袁溉、舒璘、沈焕，都是陆学得力的传人，世称"甬上四先生"，尤以杨、袁二氏最著。杨氏之学颇流于禅，不如袁氏之笃实。到南宋末年，有徐霖者，大畅陆学，陆学为之一盛。元朝有陈苑、赵偕等，继续相传不绝。

朱学虽然盛于南方，但因当时南北分立的结果，北方学者传朱学的很少，直到宋末湖北人赵复被元人掳去，始讲程、朱之学于北方，于是姚枢、窦默、许衡、刘因等相继闻风而起。许衡、刘因是纯粹的朱学派，元朝朱学之流行，许氏之功尤大。

第十四章

程朱学的衰落与王学的兴起

元仁宗

宋儒理学到朱熹才算大成，自朱熹以后理学就取得正统的位置。元朝虽是野蛮民族，对于理学也不曾反对摧残过，并且相当的加以提倡，如元仁宗时定制，以宋儒四书注及经注试士，是宋学获得政治地位的开始期，因此理学就越加发达。到了明初，仍然是他们的世界。明太祖时代的开国文豪宋濂，也就是明朝提倡理学的第一人，他是金华朱学的嫡系，他的门人方孝孺在当时也有程、朱复出之誉，不过后来以节义显，对于理学思想上反没有什么发明。因为社会潮流仍然趋向理学，所以帝王们也就利用这个趋势来表彰宋儒，藉以保护他们专制的地位。明成祖御制《性理大全》《四书大全》等书，将宋儒的学说为系统的编集。因为有科举制度的保障，所以明、清五百余年之中，朱注的经书在学校内始终奉为规范，虽经过阳明学派及清代考据学者的屡次批驳，而实际上丝毫不能发生影响，可见其潜势力之大了。

明太祖

明成祖

《性理大全》

方孝孺

宋濂、方孝孺以后，承继宋儒理学的正统者有曹端、薛瑄、吴与弼、吕柟诸人。曹端是河南渑池人，为学以躬行为主，在思想上无甚新发明，但因他是明代正式讲理学的第一人，在他以前，宋濂、方孝孺虽言行近于理学，但均不以理学家名，故后人颇有推尊他的。薛瑄是山西河津人，也是以躬行实践著名，他在当时声名极大，门生也很多，故为明代程、朱学派的唯一大宗。

吴与弼是江西崇仁人，也是明代程、朱学派的大师，他的学问自言多从五更枕上汗流泪下得来，可见其用功之刻苦，但其学以涵养天趣为主，与薛瑄之一味实践不同，故再传到陈献章遂超出程、朱的范围自成一家了。吕柟是薛瑄的四传弟子，其学仍是薛学风采，不过更加严紧一点。他是陕西高陵人，故关学受他的影响自成一派。

总之明朝中叶以前，思想界大体仍是程、朱理学的世界。这些程、朱派的理学家共同的长处在躬行实践，一毫不肯苟且，短处则在谨守古训太甚，思想上毫无新的发挥，并且因为拘谨太过，演成迂阔的行径，处处惹人讪笑而无补于世务。况且朱熹的学说本从格致入手，格致是要他们"即物以穷其理"，这本是科学的方法，而不幸后来的程、朱学派儒者，忽略了他这种治学的方法，只知道拿些空虚不着边际的理气等说翻来覆去"玩弄光景"，因此人心自然不免要对之厌倦起来，而有别寻途径的要求了。

在这个宋学不能餍服人心的时候，第一个首举别帜的是陈献章，他是广东新会人，学者称白沙先生，曾受学于吴与弼，但其学能于与弼之外，别有创获。黄宗羲《明儒学案》说他：

> 先生之学，以虚为基本，以静为门户，以四方上下、往古来今穿纽凑合为匡郭，以日用、常行、分殊为功用，以勿忘助之间为体认之则，以未尝致力而应用不遗为实得；远之则为曾点，近之则为尧夫，此可无疑者也。故有明儒者，不失其矩矱者亦多有之，而作圣之功，至先生而始明，至文成而始大。

又说：

> 有明之学，至白沙始入精微，其吃紧工夫，全在涵养。喜怒未发而非空，万感交集而不动，至阳明而后大，两先生之学最近，阳明后来从不说起，何也。

他自己复赵提学书，论其生平为学之经过说：

> 仆年二十七，始发愤从吴聘君学，其于古圣贤垂训之书盖无所不讲，然未知入处。比归白沙，杜门不出，专求所以用力之方，既无师友指引，唯日靠书册寻之，忘寐忘食，如是者累年，而卒未得焉。所谓未得，谓吾此心与此理未有凑泊吻合处也。于是舍彼之繁，求吾之约，唯在静坐。久之，然后见吾此心之体，隐然呈露，常若有物，日用间种种应酬，随吾所欲，如马之御衔勒也；体认物理，稽诸圣训，各有头绪来历，如水之有源委也。于是涣然自信曰，作圣之功其在兹乎。有学于仆者，辄教之静坐，盖以

吾所经历，粗有实效者告之，非务为高虚以误人也。

可见其宗旨之一斑。大抵白沙的气象天分皆与阳明为近，但较阳明更为疏阔一点，所以结果成为狂者一派，专以天趣为主，有类乎宋之邵雍，而末流就变成道家思想了。

陈献章的门人最有建树的是湛若水，学者称甘泉先生，是广东增城人，与王守仁同时，彼此交好，而学问宗旨不同。湛氏的学主张随处体认天理，注重学问思辨的功夫，他批评阳明学说的弊说：

……兄之格物训云正念头也，则念头之正否，亦未可据，如释、老之虚无，则曰应无所住而生其心，无诸相，无根尘，亦自以为正矣。杨、墨之时，皆以为圣矣，岂自以为不正而安之。以其无学问之功，而不知所谓正者，乃邪而不自知也。其所自谓圣，乃流于禽兽也。夷、惠、伊尹、孟子亦以为圣矣，而流于隘与不恭，而异于孔子者，以其无讲学之功，无始终条理之实，无智巧之妙也。则吾兄之训，徒正念头，其不可者三也。论学之最始者，则《说命》曰"学于古训乃有获"，《周书》则曰"学古入官"，舜命禹则曰"唯精惟一"，颜子述孔子之教，则曰"博文约礼"，孔子告哀公则曰"学问思辨笃行"，其归于知行并进，同条共贯者也。若如兄之说，徒正念头，则孔子止曰"德之不修"可矣，而又曰"学之不讲"何耶？止曰"默而识之"可矣，而又曰"学而不厌"何耶？又曰"信而好古敏求"者何耶？子思止曰"尊德性"可矣，而又曰"道问学"者何耶？所讲所学所好所求者何耶？其不可者四也。

　　此说切中王学之弊，王
氏之所谓良知，其实并无一
定的标准，野蛮人杀人为祭
也自以为是良知所许，何尝
是真可靠呢。湛氏随处体认
天理之说，即朱熹即物而穷
其理之说，宗旨原不差，可
惜没有穷理的方法，因此不
能战胜王氏罢了。

　　王守仁自然是对于程、
朱学派最大的革命家，他是
浙江余姚人，学者称为阳明
先生，故他的学派亦通称阳
明学派。他自幼豪迈不羁，

王守仁

出入佛、老之学，为刑部主事时因触犯权阉刘瑾，谪为贵州龙场驿丞，
他的平生学问基础即筑于此时。后巡抚南赣，平宸濠之乱，声名大起，
而学问也遂成熟。黄宗羲说他：

　　先生之学，始泛滥于辞章，继而遍读考亭之书，循序格物，
顾物理吾心，终判为二，无所得入。于是出入于佛、老者久之。
及至居夷处困，动心忍性，因念圣人处此更有何道，忽悟格物致
知之旨，圣人之道，吾性自足，不假外求。其学凡三变而始得其门。
自此以后，尽去枝叶，一意本原，以默坐澄心为学的，有未发之中，
始能有发而中节之和，道德，言动，大率以收敛为主，发散是不
得已。江右以后，专提致良知三字，默不假坐，心不待澄，不习

不虑，出之自有天则。盖良知即是未发之中，此知之前更无未发；良知即是中节之和，此知之后更无已发。此知自能收敛，不须更主于收敛；此知自能发散，不须更期于发散。收敛者，感之体，静而动也；发散者，寂之用，动而静也。知之真切笃实处即是行，行之明觉精察处即是知，无有二也。居越以后，所操益熟，所得益化，时时知是知非，时时无是无非，开口即得本心，更无假借凑泊，如赤日当空而万象毕照，是学成之后又有此三变也。

这段话说阳明的学问经过，很有道理。

王氏之学，虽有三变，龙场得道以后，专讲收敛，江西以后，始提出"致良知"三字，晚年则更有进步，但其主要宗旨仍在"致良知"之说。什么叫良知呢？试看他自己说：

夫良知之于节目事变，犹规矩尺度之于方圆长短也。节目事变之不可预定，犹方圆长短之不可胜穷也。故规矩诚立则不可欺以方圆，而天下之方圆不可胜用矣；尺度诚陈则不可欺以长短，而天下之长短不可胜用矣；良知诚致则不可欺以节目事变，而天下之节目事变不可胜应矣。毫厘千里之谬，不于吾心良知一念之微而察之，亦将何所用其学乎？是不以规矩而欲定天下之方圆，不以尺度而欲定天下之长短，吾见其乖张谬戾，日劳而无成也已。吾子谓，语孝于温清定省孰不知之，然而能致其知者鲜矣。若谓粗知温清定省之仪节而遂谓之能致其知者，凡知君之当仁者皆可谓之能致其仁之知，知臣之当忠者皆可谓之能致其忠之知，则天下孰非致知者耶？以是而言，可以知致知之必在于行，而不行之不可以为致知也明矣。知行合一之体，不益较然矣乎？夫舜之不告而娶，岂舜之前已有不告而娶者为之准则，故舜得以考之何典，问诸何人而为此耶？抑亦求诸其心一念之良知，权轻重之宜不得已而为此耶？武之不葬而兴师，岂武之前已有不葬而兴师者为之准则，故武得以考之何典，问诸何人而为此耶？抑亦求诸其心一念之良知，权轻重之宜不得已而为此耶？使舜之心而非诚于为无后，武之心而非诚于为救民，则其不告而娶与不葬而兴师，乃不孝不忠之大者，而后之人不务其良知以精察义理于此心感通酬酢之间，顾欲悬空讨论此等变常之事，执之以为制事之本，以求临事之无失，其亦远矣。

——《答顾东桥书》

因为他以为"良知诚致，则不可欺以节目事变"，所以才有"知行合一"之说：

知行原是两个字说一个工夫，这一个工夫须着此两个字方说得完全无弊病，若头脑处见得分明，见得原是一个头脑，则虽把知行分作两个说，毕竟将来做那一个工夫，则始或未便融会，终所谓百虑而一致矣；若头脑见得不分明，原看做两个了，则虽把知行合作一个说，亦恐终未有凑泊处，况又分作两截去做，则是从头至尾更没讨下落处也。

——《答友人问》

这个头脑是什么呢？就是良知。

王守仁的才气在历来儒者中算是杰出的，他的地位又高，故能号召一时的人心，造成一个新派。他的主张致良知，是从内向外的工夫，与朱熹的穷理主敬尚注重外面工夫者，颇有不同，故他对于朱氏特别攻击，他解《大学》"格物而后知"的"格"字是"感格"之格，与朱熹的训格物为"研究物理"之意不同，他并提出《大学》古本以为证，又搜集朱熹的言论与他宗旨相近的，名之"为朱子晚年定论"，这都是他的习气未净之处。但在当时迂拘矫诈的程、朱理学空气中，得此一番新的洗刷，人心自然不能不为之一振，故他身后不久，王学遂遍于南方，许多光明俊伟之士都出在他的门下了。

王守仁是浙江人，而其一生事业多在江西，故他身后弟子虽遍于长江以南各省，但以浙江、江西两省为最多，无形中也就分为两派。浙江的王门弟子之著名者，有徐爱、钱洪、王畿诸人，除徐爱先死，未及闻良知之说外，钱、王二人对于良知之说发挥甚力。他们学风偏于直捷活动，以为良知是不待修养而成的，故不主张从静处去用功。钱氏说：

> 未发竟从何处觅。离已发而求未发，必不可得。

王氏说：

> 寂者心之本体，寂以照为用，守其空知而遗照，是乖其用也。

这都是针对主静过甚的流弊而言的。故此派的末流勇于任事，富于责任心，颇能发挥王学的长处，但也略近于禅宗。王畿常提出阳明的四句教以为教学的宗旨，四句教是：

　　无善无恶心之体，有善有恶意之动，知善知恶是良知，为善
去恶是格物。

　　"无善无恶心之体"，这实在是含有佛学色彩的话。

　　较浙江派更彻底近于主动的，还有一个泰州派，这派的首领是王
艮，他所标的宗旨是"自然"，是"学乐"，他是有志于用世的，他
的弟子中也纯向这面发展，他们都是平民哲学家，樵夫、陶匠都有，
末流如颜山农、何心隐虽不免过于放荡，但精神的勇猛却为前此哲学
家所不及。阳明学派所以能在思想史占很高的位置者，就靠他们能和
实际发生交涉的这一点上，这是我们所不可不注意的。

　　浙江派和泰州派这样过于主张向外活动而忽视修养的结果，自然
引起正统派王学的不满，因此江西一派的学者便起来纠正他们。这一
派的著名学者有邹守益、罗洪先、聂豹、邓以赞等，邹氏拈出"戒惧
慎独"四字，罗氏拈出"收摄保聚"四字，都用以主补救浙江派的偏
荡的。盖浙江派把"致良知"三字只记得"良知"二字而忽略了"致"
字的工夫，故其末流小人得以假借之肆无忌惮去作恶，而以良知为辩
护之具；江西派则特注重"致"字，以为良知不能忽略修养的工夫。
就王学本身而言，江西派实在是正统，流弊较少些。

　　自明朝中叶以后，王学虽然披靡一世，然而实际上不满于王学的
还是很多，试引几段评论于下，可以见当时反王学议论之一斑。如汪
俊说：

　　道一本而万殊，夫子之一贯是矣。以学言之，则必有事于万
殊而后一者可几也。曾子之随事力行，子贡之多学而识，皆亲受
业于夫子之门者也。颜子之博文约礼，而后如有所立，《易》之

知崇礼卑，而后成性存存，皆一说也。程子论学曰："涵养须用敬，进学则在致知。"朱子伸明之曰："主敬以立其本，穷理以致其知，本立而知益明，知进而本益固。"可谓尽矣。陆氏之学，盖略有见于道体，虽欲单刀直入，以径造夫所谓一者，又自以为至简至易，立跻圣域，故世之好异者靡然趋之，而不知其相率而陷于异端之说也。张子曰儒者穷理，故率性可以谓之道，释氏不知穷理，而自谓之性，故其说不可推而行。程子有言，自格物而充之，然后可以至圣人，不知物格而先欲意诚心正者，未有能中于理者，据此可以断陆氏之学。

如何瑭说：

儒者之学，当务之为急，细而言语威仪，大而礼乐刑政，此物之当格而不可后者也，学问思辨一旦卓有定见，则物格而知至矣。由是而发之以诚，主之以正，然而身不修家不齐未之有也。至究其本原为性命，形于著述为文章，固非二道，特其缓急先后各有次第，不可紊耳。今曰理出于心，心存则万理备，吾道一贯，圣人之极致也，奚事外求；吾恐其修齐治平之道反有所略，则所学非所用，所用非所学，于古人之道不免差矣。

如黄佐说：

德性之知本无不能也，然夫子之教必致知而力行，守约而施博，于达道达德，一则曰"未能一焉"，二则曰"我无能焉"，未尝言知而废能也。程子曰"良能良知，皆无所由，乃出于天，不系于人"，又曰"圣人本天，释氏本心"，盖《大学》言致知系于人之问学者也，孟子言良知必兼良能，本于天命之德性者也。
唯宋吕希哲氏独以致知为致良知而废良能，则是释氏以心之觉悟
为性矣。《圆觉经》以事理为二障，必除而空之，则理不具于心，
心不见于事，唯神识光明而已。反身而诚，似不如是。

以上这些说法都切中王学之弊。大抵王学虽提出"良知"二字，
当下指点，可以启悟人，然究其所谓良知者实在并无此物，不过在光
景恍惚间耳。所以在当时就已经有很多反对的论调，这一般反对的潮
流，一直到明末清初才光大起来成为后此三百年的主潮。

王学到了明朝末年，势力虽披靡一世，而流弊也就渐渐发露了。
许多有革命性的青年固然打着良知的旗子，到处勇于为善，但矫伪的
小人也可以打着良知的旗子，到处勇于为恶，因此弄得所谓"酒色财
气不碍菩提路"的狂禅，滔滔于天下，结果自然会使人心不满。因此
王学到明末便有了两个新方向。一派是刘宗周的证人学派，刘氏是以
继承王学自命的，但他鉴于王学末流之失，故特拈出"慎独"二字以
为宗旨，他的慎独的意思是：

> 盈天地间皆气也，其在人心一气之流行，诚通诚复，自然分
> 为喜怒哀乐，仁义理智之名因此而起者也。不待安排品节，自能，
> 不过其则，即中和也。此生而有之人人如是，所以谓之性善，即
> 不无过不及之差，而性体原自周流，不害其为中和之德。学者但
> 证得性体分明，而以时保之，即是慎矣。慎之工夫只在主宰上觉
> 有主是曰意，离意根一步便是妄，便非独矣，故愈收敛是愈推致。
> 然主宰亦非有一处停顿，即在此流行之中，故曰逝者如斯夫，不
> 舍昼夜。

明神宗

这种说法，虽仍未脱王学的窠臼，但不失为一种改革运动，可惜刘宗周死后，明祚已移，学风也改了方向，故这种运动实际上没有多大的影响。另外有一派却影响很大，这就是东林党的干政运动。

东林党的主持人物是顾宪成、高攀龙。他们都是神宗朝的大臣，因为时政紊乱，退归林下，遂讲学于东林书院。他们讲学的宗旨是：

> 官辇毂念头不在君父上，官封疆念头不在百姓上，至于水间林下三三两两，相与讲求性命，切磨德义，念头不在世道上，即有他美，君子不齿也。

他们的宗旨既然是要与世道发生关系，因此自不免臧否时政，而当道忌之也日甚。顾、高二人死后，东林的运动仍不停止，其时明熹宗专任魏忠贤，与君子为敌，凡与魏不合者，无论与东林有无干涉者，一概指为东林党人，因此东林的声势反倒日张起来。到明毅宗末年，又有继东林而起的复社、几社等运动。这一般人，在思想上直接并没有什么建树，思想的体系仍承之王学，但后来清初的经世致用思想却由此开其端，故讲思想史的，也不能忽略了他们的位置。

第十五章

理学的反动时期

程、朱、陆、王之学，虽然门户不同，但其为空谈心性不务实际则一。从宋到明，这六百年中的中国思想界可以说都在空谈玄妙的时代。我们还可以再扩大一步说，从魏、晋到明，这一千多年中，中国的思想界也都在空谈玄妙的时代。中国民族本是务实际的民族，为什么会忽然发生这种玄远的思想呢？可以说大部分是受了印度思想的影响。印度思想自从侵入中国以后，就征服了中国的思想界一直到一千年之久。但是务实的中国民族对于这种趋势是不会始终折服的，因此北宋初年就起了许多反对印度空虚思想的学派，就中江西派的功利主义最彻底，可惜未能光大。程、朱的理学原也是反抗印度思想的，不过自身的立足点不稳固，弄来弄去还是跳不出印度思想的圈套。到陆、王学派盛行以后，印度风就更加显著了。这样反复争持的结果，到明末清初，哗喇一声，才将印度思想根本推倒，重新建立起许多新的主张来。

为什么到了明末清初，才会将印度思想根本推倒，建设起新的主张呢？这就是时代的关系。印度思想自征服中国思想界以后，极盛莫如唐，到唐朝以后，佛教本身已成弩末，因此才有反动的理学成立。不过印度思想的潜势力还在，因此理学家跳来跳去终跳不出他的圈子。一直到了明朝末年，经过了理学家极盛的时代，人心对于印度思想已经领教过度了，到了应该厌倦的时期了，所以反动潮流才大盛特盛起来。以上所说还不算最主要的原因，反印度思想突然兴起的最主要的原因，乃是因为中国民族受了痛苦而得到深切教训的结果。中国民族自欢迎印度思想进来之后，简直没有过了一天光荣的日子。中间只有唐朝是比较光荣的时代，但是唐朝的光荣是由于野蛮民族同化和混血的结果，并不是由于印度思想的帮助，这是显而易见的。除此以外，我们只看见信仰佛教的君主如后秦主姚兴、梁武帝、北魏胡太后之类，都一个个弄得由强致弱，由弱致亡。唐朝末叶的君主也是如此。这其间佛教至少也应负一部分的责任。因为印度思想是出世的，是个人主义的，对于齐家治国平天下之术是丝毫不管的。这种思想输入以后，将许多聪明才智的人物都引入个人主义、出世主义的路上去，结果国家大事让许多浑蛋去包办，弄得国事一天比一天败坏，民族也日渐衰弱起来。宋朝以后，反佛教的空气已经很盛，不料代之而起的理学依然逃不出印度思想的范围，还是依旧的个人主义，依旧的入世其名出世其实的空虚主义。学者们天天在那里谈心说性，外患却一天一天的紧逼而来，结果一辱于辽，二辱于金，三辱于元，终于酿成蒙古人的征服了全中国。明兴以后，还是不鉴前辙，高谈心性之风越发利害了，又弄出一个更富有印度色彩的阳明之学来。尽管王守仁个人怎样的能文能武，不失为实际的人物，但这是他个人的天才所致，他的学说却只能造出许多高谈心性的空洞儒者来。因此张献忠、李自成等流寇之乱一起，滔滔天下的王学竟当不起这一试验。结果好人只好"愧无半策济时难，唯有一死报君恩"，坏人却就转过脸来迎降大清的仁义之师了。这种结果确是令人极痛心的，尤其是身受其难的智识阶级们，他们不能不由此发生出极大的觉悟，使他们对于印度思想根本起了反对的感情，他们不能不努力地由这种一千年中织成的哲学的心性之网中挣扎出来，另外找寻他们的新路，这就是清初新学派勃兴的真正主要原因。

顾炎武

明末清初的新学派约以以下几人为代表：

一、顾炎武。顾炎武是江苏昆山人，明亡以后，曾周游国内，所至结纳豪俊图恢复，但无所成。他是清代考据学开山的祖师，生平著书如《日知录》《音学五书》之类，都是考据典制的著作，在后来发生的影响极大。但顾炎武并不是一个专门以考据为终身事业的学者，他是一个有志于事功的人。他生平很反对理学，曾说"古今安得别有所谓理学者，经学即理学也；自有舍经学以言理学者，而邪说以起"。

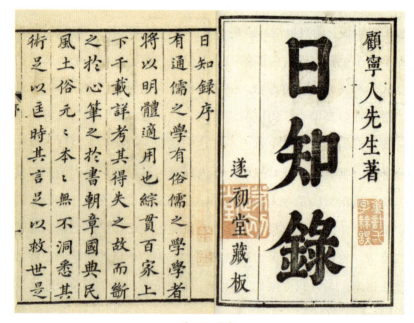

《日知录》

"经学即理学"一语，实为清代考据学的根本主张。

二、黄宗羲。黄宗羲是浙江余姚人，少受学于刘宗周，治阳明学。中年以后，因为遭逢患难的结果，渐渐觉悟空谈心性之非，转来注意到史学方面。他是清代史学的开山祖师，清朝史学以浙东最盛，都是受他的影响。他的巨著《明儒学案》和未完成的《宋元学案》，是中国思想学术史的先河。他在思想界最大的贡献更在他的《明夷待访录》一书，这部书提倡民权思想，反对专制政体甚烈，在当时虽无甚影响，到了清朝末年发生的影响却极大。

黄宗羲

三、王夫之。王夫之是湖南衡阳人，也是一个志图恢复的遗老，生平窜迹南荒，著书虽然很多，可惜不为当时人所知。直到清朝末年，湘军得势以后，才刻出许多来。他的名著如《俟解》《张子正蒙注》《老子衍》《庄子通》之类，都有很精深的思想。论清初思想史上的大家不能不推王氏为第一，可惜他的学说尚未经人发挥整理罢了。

王夫之

四、颜元。颜元是直隶博野人，他生平以创立新宗派自任，故言论最为光明。他明目张胆地攻击宋、明理学家高谈心性之弊，提出以身体力行来代替诵说。他的这种主张本来很彻底，应该流行，可惜太为刻苦，不容易使人承受。加以他极力主张恢复古礼，未免太迂阔些，也是失败的一个大原因。

以上这四个人是明末清初反理学运动中的四大柱石，他们四人的思想主张各有不同，只有注意实际问题不复高谈心性的态度是相同的。就中黄宗羲因为与阳明学派旧有关系的缘故，对于理学的态度较为和缓，顾、王就激烈了，颜元最为彻底。他们的学派唯顾炎武最为昌大，后来清朝的经学都是跟着他的道路走的，可惜走的只是咬文嚼字的考据之路，对于他的经世的大学问竟无人领会，未免埋没他的真面目。黄宗羲在史学界的成就最大，浙东史学流传甚远，清末的民族运动还是受了他的影响。颜元有一个弟子李塨，局面比他先生阔大些，故颜、李学派得以流传南北，但不再传就中绝了。王夫之的遭际最不幸，故思想最为隐晦，至今不得解人。

以上四人不过是就其成就最大者而言，此外还有几个人虽然没有整个的系统思想，但也不失为有独立思想的学者。

一个是刘献廷。他是一个奇人，对于音韵和地理学都很有创获，可惜没有系统的著作传之于后。

一个是傅山。他和他的儿子傅眉都是平民生活的思想家。当时的学者多不注重艺术，唯傅山的艺术天才很高，他的诗、书、画都很卓绝。他自命是学庄、列的，可惜也没有什么系统的著作能够发挥他的思想。

以上这些人都是反对理学的，至少也是不肯依傍在理学门户下求生活的。但是理学的潜势力还是很大，不是一时所能打倒的，当明末清初的时候还出了几个大师替他谨守最后的残垒，最著名的有孙奇逢、李颙、刁包、张履祥、张尔岐、陆陇其、陆世仪诸人，都是坚苦笃行的儒者。就中孙奇逢最为博大，他所著的《理学宗传》一书，调和程朱、陆王两派而归纳于一个道统之下，可谓集数百年来理学家道统说之大成。此外诸人或宗王学，或宗朱学，宗旨虽然不同，其谨守理学范围则一。可惜太保守了，没有什么新发挥，因此不能光大理学的门户。不久理学被一班大官们弄去逢迎时主的嗜好，就不免名存而实亡了。

自顾炎武提倡名物训诂之学以后，不久就出来几个学者遵着他的道路向前进行。成就最大者有胡渭、阎若璩、毛奇龄诸人。胡渭著《易图明辨》，攻击宋儒信任的《易图》之非孔丘之说；阎若璩则著《古文尚书疏证》，辨明《古文尚书》系东晋人的伪造；毛奇龄也著书多种与宋儒为难。这三个人虽然都是考据家，但他们能用考据的方法从实证上揭破宋儒的谬误思想，其影响于思想界是非常之大的。

从此以后，考据学的门户既立，大家的精神才力都趋向此途，造成一种咬文嚼字的学风，思想界反不免消沉了。

第十六章

考据学全盛下的清代思想界

从顾炎武、胡渭、阎若璩开辟了考据学的一条新路以后，许多大学者都跟着他们的路往前发展，成就最大者有惠栋、戴震、段玉裁、王念孙、王引之诸人。他们的工作是修改注疏，考据典章，训诂音义，校勘文字。他们在这一方面的成绩很是高，但他们所治的只是一种思想的工具，而不是思想的本身。并且因为考据学是对于理学的一种反动潮流的结果，人们因厌弃理学而遂厌弃一切理想的学问，以为都是空疏不实，结果不免阻碍思想的发展，因此在考据学盛极一时的时代，竟没有什么大思想家出现。加以清朝因为压制汉族的缘故，屡兴思想之狱，学者自然多避忌而不肯蹈险，因此清初诸大师那种独立创造的精神竟都埋没不彰了。在这种环境之下，只能找出几个片段不完的思想家聊以作代表人物而已。

一、吕留良。吕留良是一个遗老，他生平抱种族思想最深，屡想运动恢复，到他死后他门生曾静手里实行他的主张，运动岳钟琪叛清，事发失败，遂兴大狱，吕氏也受戮尸的惨刑。清世宗且特著《大义觉迷录》一书来纠正他的思想，可见他的思想在实际上很发生影响了。

二、费密。费密和他父亲费经虞都是有独立思想的人物，他们很反对宋儒的道统之说，主张汉、宋平等待遇，且注意经世实用之学，可惜没有大行其志。

三、方苞、姚鼐。二人都是桐城人，当考据学炙手可热的时代，奋起与抗，创桐城派古文，在文学界势力很大。这一派的人主张考据、辞章、义理并重，虽然是只就文字而言，但因为他们常抱因文见道的见解，故恒与理学家相结合以反对考据学。他们同派有方东树者，曾著《汉学商兑》一书，颇能代表一部分人的思想。

四、姚际恒。姚氏行谊无所表见，唯著《古今伪书考》一书，于古今伪书一一批驳，虽系考据之作，却于思想有关。

清世宗

五、全祖望。全祖望是继黄宗羲、万斯同而起的浙东派史学家，生平著作颇搜罗明末故实，于种族思想之保存颇有关系。他又与黄宗羲之子百家先后续成《宋元学案》，于思想史方面功劳尤大。

六、章学诚。章学诚亦为浙东派史学家之一，但他在学界的成就不在著史而在提倡史学，所著《文史通义》一书，主张六经皆史之说，又言"集大成者乃周公而非孔子"，皆于思想上有独立的主张者。

七、崔述。崔述也是一个史学家，他曾著《唐虞考信录》等书，勇于疑古，在当时虽不曾发生影响，但在今日却发生影响不少。

八、戴震。戴震是考据学的大师，但于思想方面确有所建树，所著《孟子字义疏证》《原善》诸书，主张人欲应任其发展而极力反对

《文史通义》

宋儒遏欲之说。此书在当时亦未发生影响，至今日乃为人所推重。

九、袁枚。袁枚是清朝极盛时代的一个大诗家，但他的思想确有独到之处，他对于汉、宋儒都不肯赞成，也主张人欲应自然发展，并且以身作则。他又极力尊重女权，所收女弟子很多，因此颇受人的攻击。

十、彭绍升。彭绍升是清朝提倡佛学最著名的人，佛学自宋、元以后久已衰微，明末憨山、藕益以念佛提倡，虽一时稍盛但旋又就衰。彭绍升当佛学已衰之际，独提倡念佛，期于恢复宗风。当时虽影响不大，但到清末却发生影响。

十一、焦循。焦循也是一个考据学家，但对于思想也很有建树，他的《雕菰集》中很有许多精深的理想。

十二、徐润第。徐润第是个阳明学派的北方学者，他的思想在今日山西的政治上很有影响。

十三、李汝珍。李汝珍是著《镜花缘》小说的人，他在小说中讨论妇女问题，很有精彩的议论。

十四、汪中。汪中是清朝中叶一个有独立思想的学者，他的《述学》

中很有系统的思想，可惜当时人只了解他的文学，却不了解他的思想内容，因此他的思想就不免埋没了。

十五、俞正燮。俞正燮也是一个注意妇女问题的人，他在《癸巳类稿》中讨论妇女问题很是深切，可惜也没有什么反响。

就以上所举的许多人看起来，可见清朝并不是没有多少大思想家，并不是没有有价值可供研究的思想，不过当时正是考据学垄断一切的时候，大家都疲神致力于工具的学问，而对于内容方面反而轻视起来，这也是一时的风气，而于政治上的干涉也不无关系。因此虽然有许多天分很高的思想家，都不免受了这种环境的限制不能尽量的发展，这种情形和东汉时代正是相似。就思想史方面论，东汉和清中叶实在是黯淡无色的时代，虽然他们在别的方面的功绩是很大的。

第十七章

思想的解放与
今文家的活动

　　清朝中叶思想界所以消沉的缘故，一由于考据学的垄断一切，一由于政治上的有意压迫，前章已经都提过。到了仁宗、宣宗以后，政治上的威力已经减杀，考据学的气焰也渐低了，因此自然起了一种反动，向思想解放的路上去走。这种反动有两方面，一方面是理学对于考据学的反动，一方面是考据学中今文派对于古文派的反动，两者都给古文派考据学家以一种大打击。

　　先说理学派对于考据学派的反动。原来理学自经过宋、元、明三

清仁宗　　　　　　　　　　　　清宣宗

朝的极盛之后，虽经清初学者的极力攻击，势力迄未大杀。考据学鼎盛以后，尽管学者们怎样鄙薄宋儒的空疏，而朝廷的功令却仍然以宋儒为正统。天下学塾所读的经书仍然是以朱注为准，科举考试也一本宋儒之说，考据学对于当时势力最大的科举制度竟未能侵入，因此理学仍然在一般智识阶级社会中占极大的潜势力。到仁、宣以后，考据学的成绩既达到极高地位，再不易有什么新发展，那种咬文嚼字的工夫，做久了也令人厌倦。加以时代变迁日烈，内忧外患纷至迭来，考据学家应付不了那样的时局，转是高谈心性的理学中出了几个有魄力有血性的男子，如同曾国藩、罗泽南、江忠源、李续宾等一般湘军名将，都是受过理学陶冶的人。自湘军戡定了太平之乱以后，理学和考据学的优劣由此试验出来，人心遂不免又趋向学理。曾国藩以盖世的勋名来提倡理学与古文，因此桐城派古文家与宋、明理学的结合愈密，成为一种特别的学派。不过曾国藩死后没有什么得力的继承人物，理学终于没有十分恢复他们的固有势力，末流虽有吴汝纶等古文家竭力赞助新学，但没有多大建树。而林纾以非桐城嫡系的资格来替桐城派和理学对新思潮来辩护，终于失败而去，理学自然因此也更加不振。清末一部分人受了日本维新的影响，颇有提倡阳明学派的，但在思想上也没有什么成就。

对于思想界有很大影响的，还是考据学派中的新派今文家。原来今、古文之分起于西汉经师门户之见，最初西汉传经派别虽多，但大致皆用当时文字，至西汉末年始有古文经传出现，与旧有各家大不相同，当时两派已争论很烈。到东汉末年，古文派大昌，郑玄以古文家大师的资格遍注群经，自此以后古文家遂成为经学正统，千余年来未之或改，今文各家之学说大部分都已佚亡，更无人加以理会了。

到了清朝因为复古的关系，转而对于古代学术思想节节加以解放，最初对宋学怀疑而返于汉、唐，其次又对晋王肃文学怀疑而返于东汉。到中叶以后，郑玄的古文学既已垄断一切，此后再求进步就非对于他加以怀疑不可了。因此清朝中叶以后所起的考据学新运动就以郑玄和一切古文学派为攻击的目标了。

今文学派最初研究的中心是《春秋公羊传》，其次遍及诸经。启蒙的大师是武进庄存与，其同县后进刘逢禄继之著《春秋公羊经何氏释例》，始张大其说。到魏源和龚自珍出来，今文学始确然成家。其后今、古派分道发展，而思想新的人大率趋向今文派。到廖平和康有为出来，今文学派的势力就影响到各方面了。

今文学派虽似乎与古文学派研究的目的相同，其实根本精神大不相同。古文学派在极盛时代，大家只是抱为学问而学问的态度，其所研究者都是名物训诂等具体事物，故于思想界无多大影响。今文家则不然，第一他们的研究注重微言大义，不屑屑于枝叶问题，因此颇有

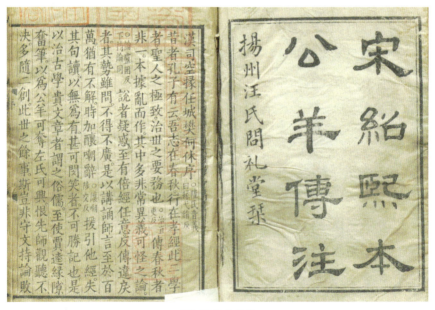

《春秋公羊传》

新奇的思想发现，如所谓"张三世""通三统""绌周王鲁""受命改制"等非常异义可怪之论，都是今文学家的创获。第二他们颇留心于经世之学，不似古文家的硁硁自守，故后来能于实际政治社会发生影响。第三他们颇能容纳异派，对于西学，对于佛学，都能采纳容受。这三点都是今文学派的长处，他们的短处是不免牵强附会，加以推尊西汉的结果，所有西汉儒者的荒唐悠谬之说都尽量采用，将儒学变成一种神秘的胡说，转不如古文家的硁硁自守为尚能免过了。

　　清朝仁、宣以还，国势日渐凌夷，故今文学家之趋向经世致用亦系时势所迫，不得不然。今文学的大师如魏源著《海国图志》，龚自珍著《西域置行省议》等，都是有关时事的文字。太平乱后，内忧外患愈亟，思想界自然更趋重时务，因此种种关于时务的著作逐渐出现。到南海康有为出来，著《新学伪经考》，以大胆的态度推翻古文家的壁垒，建设起今文学家的完全系统来，就今文学家而言，康有

《海国图志》

为实在可算是集大成者。过时事愈变愈亟，西洋的学术思想逐渐输入，不但抱残守缺的古文学派无法应付，即今文学也不足范围人心。因此康氏的思想也不能不随时势演进。他第二部名著《孔子改制考》完成的时候，已非复汉学所能范围，到第三部名著《大同书》成功后，他的思想更解放到极点了。康有为后来虽然思想再不能进步，并且日趋退化，成了落伍的人物，但论晚清思想界推清廓陷之功，不能不推他为第一。

康有为

《新学伪经考》

康氏的学说在思想界没有什么大影响，但在实际政治上却发生影响不少。他和他的弟子梁启超从事变法维新运动虽然失败，但间接唤起一般人心，后来在国内造成一大派政治势力，至今不灭。

梁启超的影响于中国思想界，在他后来亡命的时代，早年宣传今文学派影响并不很大，故我们放到后章再讲。他的同志谭嗣同却可以代表当时的思想界。谭嗣同是湖南浏阳人，自幼亦接近今文学派，后又好王夫之之学，又治佛学，皆略有所得。他的思想最为勇决，所著《仁学》一书，于辛亥革命前二十年已提倡革命暗杀排满等说，真是思想界的先觉。他虽然身死于戊戌变法运动，但《仁学》在他死后仍发生很大的影响。

晚清的思想界虽然受今文派的影响很深，但其实学界的正统仍是古文派，因为古文派虽然过于拘谨，在思想上没有什么建树，但他们所用的方法乃是严格的科学方法，所得的成绩乃是正确可靠的成绩，无论谁也推不倒的。清朝末年的古文派考据学大师

如陈澧、孙诒让、俞樾都是很出色
的人物，就中如孙诒让著《墨子间
诂》，陈澧著《东塾读书记》中评
论汉、宋诸学，皆与思想界有关。
但影响最大者还算章炳麟。章炳麟
是俞樾的弟子，他的经学、文字学
都造诣很深，所著的书如《国故论
衡》《检论》等都很精绝。中年以
后专提倡种族革命，影响于政治思
想界更大。他虽然是古文学家，但
后来研究佛学和西学的结果，使他
的思想内容更加廓大，非复考据之
学所能范围的了。

谭嗣同

　　晚清时代还有一种潮流也是值
得注意的，就是佛学。佛学自宋、
明以后久已衰微，清朝中叶虽有彭
绍升、罗有高等人提倡，但势力不
大，影响甚微。到今文派兴起以后，
因为他们都是勇于改革的思想家，
故颇能采纳佛学之长。龚自珍受学
于彭绍升，晚年受菩萨戒，颇提倡

章太炎（章炳麟）

天台宗，魏源也受过菩萨戒，康有为则好华严宗，其《大同书》受华
严宗的影响极大。梁启超也好华严宗。有杨文会者最精于佛学，深通
各宗学说而专以净土教国人，晚年息影南京，以刻经弘法为事，所刻
出的佛经很多，于思想界极有关系，梁启超和谭嗣同都受他的影响，

梁漱溟

谭氏的《仁学》即受佛学的影响而作者。梁氏晚年颇研究佛教的历史，也很有功于学界。此外章炳麟也研究法相宗，很有心得。到民国以后，梁漱溟著《东西文化及其哲学》一书，欲会同中、西、印三种的文化，也是佛学所发生的影响。杨文会死后，弟子欧阳竟无设支那内学院于南京，造就佛学人才，虽于思想界尚无大影响，但就校刻经典而论，已嘉惠学者不少了。

第十八章

欧洲思想与
昔日之中国

　　中国与欧洲在古代关系很少，思想上的接触更是绝无仅有。唐朝极盛时代虽有景教徒东来传教，与阿拉伯人的伊斯兰教同受尊崇，但其结果毫无影响，尚不如伊斯兰教的势力，因此在思想史上可谓毫无位置。欧洲思想在中国发生影响，要算是元、明以后的事了。

　　元朝大帝国地跨欧亚，在中西交通上是很有关系的。蒙古人几次西征欧洲，将中国的三大发明品——罗盘针、火药、印刷术——送到欧洲，造成西方的近代文明，以及马可波罗的游记，唤起欧人的航海趣味，这些情形都是西方人所应感谢东方的，我们姑且不提。单就西方思想对于中国的影响而论，当时罗马教皇因慕蒙古的威名，曾遣使来华朝谒，并挟七术以俱来，这七术都是当时的科学，元世祖都加以容纳，虽然没有发生大的影响，要不能不算中欧思想交换史上的一重因缘。

　　自此以后，蒙古大帝国破裂，汉族的明朝帝国兴起，对外取闭关保守主义，欧洲也因文艺复兴、宗教改革等对内问题纷心，无暇东顾，两方面又暂时隔绝。直到十四世纪末年，即明朝中叶以后，哥伦布发现了新大陆，才重新引起欧洲人的向外侵略心。十四五六七这四个世纪欧洲各国纷纷向东方进取，最初是西班牙和葡萄牙，其次是荷兰，最后是英吉利和法兰西。他们侵略的范围从印度，至南洋群岛，以及菲利滨、中国台湾及中国沿海、日本等处。一五三五年葡萄牙人租了澳门，这是与中国直接发生关系之始。自此以后欧洲人以澳门为根据地，进行对中国的通商传教种种事业，中西的关系就日渐复杂了。

这时候在思想史上有关系的，要算是耶稣会派的传教事业。欧洲自宗教改革以后，旧教本已失败，其后有一部分旧教徒力图改革，另组耶稣会，以严格的纪律训练教徒，精神为之一新。耶稣会最注重远方的传教事业，并且以教育为传教的主要方法，因此成绩极大。美洲、印度、南非洲都有他们

哥伦布

的足迹。最初来中国传教的是意大利人利玛窦，他很能揣摩中国人的心理，儒衣儒冠，到处与士大夫交游，因此传教事业就渐渐发达起来。以后续来的教士，都遵着他的方法进行，到了明朝末年势力就非常之大，连桂王的皇太后都信奉了。因为他们传教的方法是以学术为工具，因此西洋当时的许多科学如天文、历法、数学、几何、地理等自然科学都由这般外国教士之手传入中国。从明朝末年到清朝初年，这种科学事业逐渐进行，给后此清朝的学术开了一条新路。

第一个翻译西洋科学名著的人，是明末的徐光启，他和利玛窦合译《几何原本》，给后来几何学树下基础。他以明朝的大官来提倡翻译，实在有助于思想的革新不少。到了清朝，清圣祖也是极爱好科学的人，他编纂《数理精蕴》《历象考成》等书，又命人测量全国，制成精审的地图，清代数理舆地等学的发达，很受他的影响。自此以后，数学在清代学术中成一大潮流，最著名的数学家有梅文鼎、梅锡阐、

利玛窦

清圣祖

江永、戴震诸人。虽然多以中算为本，但采用西法也不少。

　　耶稣会的传教事业，自清世宗以后，因政治的压迫而一时中止。自此以后，中、欧又有百余年不复交通。到鸦片战役以后，定《南京条约》，准许欧洲人通商传教，彼此才又发生关系。英法联军战役以后，中国人创巨痛深，才发生研究西学的要求。在此以前，如魏源著《海国图志》，徐继畲著《瀛寰志略》，都是中国人研究外事的先导。湘淮军的戡平太平天国，得外国人的帮助不少，事定之后，有识见的领袖都觉得非研究西学不可。曾国藩设制造局于上海，兼事译书，附以广方言馆，北京也设立同文馆，选拔学生研究外国语言文字。到一八七三年曾国藩、李鸿章又奏请选派学生出洋留学。这些政策都与近六十年的中国有很大关系，自不必说。当时的翻译家如李素兰、华蘅芳、赵仲涵诸人，都很有责任心，对于所译之书也很有兴趣，因此成绩很好。此外如太平天国的文人王韬，英国传教士李提摩太等，也都很有功于翻译事业。当时翻译的书籍约有三类，第一类是宗教的书；

第二类是科学和应用科学的书，当时称为"格致"的书；第三类是历史、政治、法制的书。第一类较完备，第二、三类就很简单无统系了。但是这种翻译事业，在当时也不无多少影响。康有为、梁启超、谭嗣同等的革新思想，就是受了这种译籍之赐。

当同文馆设立之初，风气尚未开通，顽固党还极力加以反对，家庭稍好

李鸿章

的学生也不肯入馆，因此成绩甚少。后来选派出洋的学生也都受社会的轻视，没有产出多少人才。当时虽有稍稍通达"洋务"的人如曾国藩、李鸿章、郭嵩焘、曾纪泽、薛福成、洪钧诸人为西方思想鼓吹，但每遭顽固党所嫉视，不能实行其主张。中国人对于西方情形的了解还是很浅薄的。直到中法、中日两次战役之后，中国人才被逼迫地去不得不欢迎西方的思想输入中国来。

这时代有一个对于介绍西洋思想有大功绩的人，就是严复。严复也是个西洋留学生出身，他原本学的海军，但归国之后，学非所用，因专门从事翻译的工作。他所翻译的如赫胥黎的《天演论》，穆勒的《群己权界论》《穆勒名学》，斯宾塞的《群学肄言》，斯密亚丹的《原富》，孟德斯鸠的《法意》等，都是西方思想界的名著。他翻译的工作又很忠实，文章又很雅驯，因此能够深入中国的学者社会。自

严复

这几部译著出现以后，中国人才知道西方也有哲理，也有思想，对于西方人的观察就另换一种态度了。

庚子拳乱以后，清廷受了环境的压迫，才不得不采取变法维新的手段，派遣大批学生留学东西洋，尤以日本的中国留学生最多。当时因中、日两国国体相同，政治改造的过程又差不多，因此国人对于日本状况特别注意。从日文翻译出来的著作渐渐多起来，不过都是无条理，无主张，因此在思想界没有多大效果。

拳匪乱后，西方各国都乘机要求巨大的赔款，唯有美国对华表示好意，退还赔款，办了一个清华学校，专门预备留美的学生。因此留学美国的风气渐渐开了。此外基督教会在中国也办了许多学校，大半也是美国人主持，国内亲美空气之逐渐浓厚，与这些政策不无关系。

留学生归国的以日、美两国为最多，故日、美两国在中国思想界的影响也最大。到民国七八年以后，李石曾、吴稚晖等提倡勤工俭学，于是陡然添了一批法国留学生，这些学生归国以后，对于思想界也很有影响。还有俄国自革命以后，竭力向中国宣传共产主义，以金钱收买吸引青年，因此留学俄国的也渐多起来。日本式的军国主义，美国式的实利主义，法国式的国家主义，苏俄式的共产主义，近数十年来支配中国思想界原动力，可以说不出乎这四种方式之外了。

第十九章

政治思想与实际政治运动

思想并不是悬空的，他是要与实际社会政治发生交涉的。中国以往的思想运动影响于实际政治社会的，如晚周诸子的救时之弊，北宋新旧派之争，明末东林、复社的运动，都是以思想为原动力。但是求其旗帜鲜明，影响广大的，则莫如鸦片战争以后的中国了。

鸦片战争以前的中国，在极端专制的淫威之下，人民是没有丝毫自由的余地的。鸦片战争以后，跟着就来了太平天国之乱，和英法联军战役，从此以后政府已不是从前的政府，中国也不是从前的中国了。中国国民受了几次外力的刺激，渐渐觉悟干涉国事的需要。最初只是用以对外，如各地的教案，即此种性质的运动，后来屡经失败的结果，知道单纯的对外也不足以收效，因此对内改革的思想就渐渐复活了。

英法联军战役以后，国内起了一派政治运动，叫作清流党，大半都是当时的名士，他们多骛大言而不切实际，盲目主张排外，对于当时主张对外和缓的疆吏如曾国藩、李鸿章等多加以攻击。但他们自己却一点成绩也没有，如张佩纶马江之败，即其一例。此外通达洋务的人如郭嵩焘、李鸿章辈，其思想则多主革新，不过这两派思想虽然不同，但彼此都尚无鲜明的旗帜，界限也不分明，因此算不得正式的政治运动。

一八八四年中法战争以后，清廷昏聩糊涂的情形都尽情暴露出来，有志之士知非改革不足以图存，因是发起种种改革运动。康有为屡游京师，伏阙上书请实行变法，孙文也因上书李鸿章不报，转而运动革命。及中日战后，这两种运动遂均渐趋成熟。康有为联合应试举人为公车上书之举，又开保国会于北京，孙文也联合同志谋举事于广州，又在檀香山组织兴中会。政治运动逐渐成为具体的表现了。这时候在思想方面还是君主立宪派占优胜。康有为的弟子梁启超在上海创《时务报》，鼓吹变法思想甚烈，又在湖南主持时务学堂，造就人才很多。当时康、梁的思想已渐为国人注意。湖南的守旧派叶德辉著《翼教丛编》来痛驳康、梁的主张，张之洞也著《劝学篇》来调和新旧思想。《劝学篇》中所主张的"中学为体，西学为用"二语，成为后来多数调和派的口号。

康、梁这种运动渐渐为政府所注意，清德宗毅然采用他们的主张来实行变法，不意旧势力反动太大，终于失败，但是就他们在短期间所实行的废八股、兴学校等主张，已震动一时的人心不少了。

康、梁失败以后，都逃至国外，仍做他们的维新运动，但清廷的反动日烈，遂至酿成拳匪之乱，人心渐知清朝政府的无望而趋向于革命运动。本来清朝因种族的关系久已受汉人的含恨，太平天国乱后此种思想潜伏于下层社会始终未灭。康、梁虽然主张和平变法，但其同志谭嗣同著《仁学》一书，已鼓吹排满革命之说。梁启梁早年也很赞成这种主张，只有康有为感恩知己，始终图为清室效力不变。拳匪之乱正盛时，康、梁的党人唐才常联络两湖会党起事于汉口失败，但因此革命思想深入于两湖青年之中。黄兴组织华兴会，就是以两湖会党为基础。此外江浙文人章炳麟、蔡元培、吴敬恒等因受明末遗老思想的感化，也组织光复会，鼓吹革命思想。四川人邹容著《革命军》一书，语意直捷痛快，风行一时，革命思想的普遍，这本书的影响最大。但邹容也卒因这本书受清政府之忌，以《苏报》案之牵累而下狱瘐死，章炳麟等逃至日本，仍聚徒讲学专鼓吹种族革命主义，以文献为宣传的工具。革命运动得了这一支思想上的生力军，就轰轰烈烈澎涨起来了。不久孙文因在海外运动华侨有效而来日本，黄兴和他的同志宋教仁等也来到日本，三派联合，共组中国革命同盟会，中国革命运动从此遂有了统一的组织了。

康、梁变法失败以后，俱逃出国外。康有为遍游各国，联络华侨，组织保皇会，梁启超则伏处日本横滨，办《新民丛报》及《新小说报》，鼓吹思想革新甚烈。梁启超的文章很有条理而能动人，国内同情者又多，因此他办的刊物就不胫而走，传遍了全国。最初的《新民丛报》多注意于学说思想的介绍，但是内容肤浅零乱，仅合于当时的需要而已。到《民报》出版以后，因为彼此论战的关系，才另外添了一种生气。

《民报》是同盟会鼓吹革命思想的有力刊物，执笔者为章炳麟、胡汉民、汪兆铭等人，都是有学问能做文章的人，因为他们的主张激烈，故青年同情者很多。梁启超早年本也同情于革命主义，后因受其师之劝告，加以当时一般革命人物的行动难免有不慊于人意的地方，因此引起反感，就极力倾向于君主立宪主义方面，恰好与革命派的主张针锋相对。于是《民报》和《新民丛报》两方面便开起笔战来了。这一次的论战实在是中国政治思想史上极有光荣的论战，因为两派都是以学理为根据，堂堂正正旗鼓相当，在训练中国人的系统的政治思想上，影响是非常之好的。

当时立宪派的主张是根据于现状立论，别无什么根本主义，虽然比较的易于实现，但缺少刺激性，不易引起同情。革命派则主要的立足点在民族主义，专从满、汉的恶感方面鼓吹，尤其易于鼓动人。章炳麟一派对于此点尤发挥净致，他们用历史的方法，专搜罗明末亡国的故实，借以挑动汉人的亡国之痛，这种方法非常有效，不久革命思想便传遍了全国。

革命的三派领袖之中，孙文长于联络奔走，黄兴勇于实行，章炳麟有学问能文章，三派携手，相得益彰。在思想方面自以章炳麟的贡献为多，但孙文也有他的特别贡献，就是"三民主义"的主张。三民主义就是民族、民权、民生三种主张的联合名词，当时革命派的主要立足点本在民族主义，所以与立宪派相异者在此，所以鼓动人心者也在此。对于民权主张，革命、立宪两派都不相反对，自然革命派更接近些，但是也没有什么具体的方案预先拟定，并且同盟会的同志中也有不少怀抱帝王思想的，至于民生主义更无人闻问。孙文在这个时代能提出他的具体主张来，这是他的特识，不过在当时并没有发生多大影响罢了。

革命、立宪两派的主张在国内都有同情的人，留学生归国以后，在各省创办许多杂志报纸，大半是鼓吹立宪之说。清廷受了这种舆论的催迫，也不得不派遣大臣出洋，考察立宪，并宣布九年立宪之说，但是粉饰门面，毫无诚意。清德宗死后，中央的资政院，各省的咨议局相继成立，立宪派从此有了公开活动的凭借，但人心已倾向于革命了。

革命派在国内自然不容易立足，在思想方面鼓吹的，仅有章炳麟的弟子邓实等所办的《中国学报》《国粹学报》等，假借研究国学的名义来鼓吹种族思想，影响也不少。此外则多于实行方面努力，黄兴等的武装革命运动，徐锡麟等的暗杀运动，比文学宣传的效力自然更大得多。

昏聩糊涂的清朝，终于不能实行立宪派的主张，因此全国人心一步一步倾向到革命派方面，末了连立宪派所办的《国风报》也鼓吹起革命思想来了。于是武昌一动，全国都响应，中华民国遂正式出现。

民国成立以后，革命派得了地位，自然气焰日高，但立宪派也还不甘雌伏，仍旧变了名目来活动。于是政治上的国民、进步两大党对立的形势遂出现了。但两派都不注重思想的宣传，故在思想史上都没有什么位置。

两派后来的分合变化不一，成功失败也不同，但在政治思想上对抗的形势仍然绵延不绝，就是一派主张比较急激，一派比较稳健，一派趋重理想些，一派趋重现实些，二者截然不同，不过面目却慢慢都变了。

第二十章

新文化运动的黎明时代

革命成功以后，大家的精神才力都注重到政治方面，对于思想文化无人注意。接着袁世凯的反动压迫时代又到了，全国国民慑伏在专制淫威之下，丝毫不能动转，真是黑暗的时代。但是沉郁极了，云雾不能不开，"五四"以后新文化运动的种子就埋伏在这个时代了。

培植这个新文化运动的种子的人是谁？陈独秀吗？不是。胡适吗？不是。那么究竟是谁呢？我的答案是章士钊。当民国四五年的时代，中国思想界的闭塞沉郁真是无以复加。梁启超办了一个《庸言报》，不久便停版，后来改办了《大中华》，更没有什么精彩。此外只有江苏省教育会一派人在《教育杂志》等刊物上所鼓吹的实利主义稍有点生气，但是只偏于教育一部分，且彼时亦尚未成熟。此外便再无在思想界发生影响的刊物了。到章士钊在日本办的《甲寅》杂志出版以后，思想界才另有开了一条新路。

《甲寅》也是谈政治的刊物，但是他的谈政治和当时一般的刊物不同，他是有一贯的主张，而且是理想的主张，而且是用严格的理性态度去鼓吹的。这种态度确是当时的一副救时良药。在当时举国人心沉溺于现实问题的时候，举国人心悲观烦闷到无以复加的时候，忽然有人拿新的理想来号召国民，使人豁然憬悟现实之外尚复别有天地，这就是《甲寅》对于当时的贡献。

民四，民五，正是政治上极黑暗的时代，梁启超在《大中华》上已主张抛弃政治，专从社会改造入手，章士钊在《甲寅》上驳他的议论，仍主张应注意政治。后来的文化运动是跟着梁启超的主张走的，章士钊的主张似乎失败，但梁启超虽然主张从社会入手，他却并没有给后来的文化运动指出新路，章士钊虽然也并不知道新文化运动是什么，但他无意间却替后来的运动预备下几个基础。他所预备的第一是理想的鼓吹，第二是逻辑式的文章，第三是注意文学小说，第四是正确的翻译，第五是通信式的讨论。这五点——除了第二点后来的新文化运动尚未能充分注意外——其余都是由《甲寅》引申其绪而到《新青年》出版以后才发挥光大的，故我们认《甲寅》为新文化运动的鼻祖，并不算过甚之辞。

《甲寅》出版以后不久，中国的时局就变了，袁世凯被护国军气死，中华民国重新光复，气象为之一新。但是政治上的腐败还是依旧的，社会上的消沉也还是依旧的，言论界的无声无臭也还是依旧的。《甲寅》这时因为章士钊参加政治运动的缘故已停版了。章士钊的朋友陈独秀归国在上海办了一个杂志名叫《新青年》。最初出版也不过是做些勉励青年的普通文章，并没

《新青年》

有什么特色，不过因为《新青年》做文章的人有一多半都是《甲寅》上做过文章的人，《甲寅》式的通信又早已引起青年自由讨论的兴趣，因此《新青年》出版未久就得了人的注意。那时候正是国会里为宪法中定孔教为国教的问题闹得厥声沸天的时候，陈独秀抓住了这个题目，

在《新青年》上大肆攻击，根本反对孔、孟的学说，认为是专制的护符。孔学在维新以后本已失了旧日独尊的地位，不过像陈独秀这样明目张胆彻底加以攻击的，却是二千年来所仅见。他的主张虽然引起一时的反对，和他讨论这个问题的人也很多，但毕竟因为他的态度勇敢之故，在当时思想界上印下一个极深的印象。

单是反对孔教，《新青年》在思想史上还占不了像后来那样高的位置，因为孔教的权威早已丧失，诚心尊重孔学的人已经很少，孔教会派那种荒谬复古的举动，稍有常识者都不肯赞同的，因此陈独秀的反对孔教，只算是打死老虎，没有什么多大的新奇，到胡适的改革文学的主张发表以后，才算另外有了一种更大的新贡献。

胡适的《文学改良刍议》发表于民国六年一月，最初只是和平的讨论，但自陈独秀、钱玄同等参加了这个讨论以后，态度遂由和平而趋于急激，陈独秀发表了《文学革命论》，才明白举起文学革命的旗子，主张白话的写实文学。以后的文学运动跟着这条路走，发展得很快。

胡适

这时候思想改革的新机一动，就不是仅仅改良文学和反对孔教两件运动所能限制的了。因为反对孔教，故在消极的方面有彻底反对旧日礼教的运动；因为主张白话文学，故在积极的方面有接近平民的种种运动，新文化运动的机会遂渐渐成熟了。

到了民国七年以后，《新青年》的主张已经发生种种反响，青年界大多数同情于这些运动，北京大学学生组织一个新潮社，出版杂志名叫《新潮》，英文译名叫作 *The Renaissance*，就是文艺复兴的意思，可见那时参加运动的人已竟对于自身的地位有了一种觉悟，已竟成为一种有意识的总合运动了。《新青年》七卷一号，发表一篇宣言，明白表示他们主张是拥德先生和赛先生，德先生是德谟克拉西 Democracy，就是民治主义；赛先生是赛因斯 Science，就是科学，这样将文化运动的方向和内容都规定得更清楚了。不过可惜《新青年》以后并没有切实向这个主张去发挥，新文化运动以后也没有切实往这个方向去走。

《新青年》所引起的反响是什么呢？《新青年》的主张与当时社会公认的信条正相反对，其引起守旧派的不满是当然的，不过我们却不可过信以为当时守旧派对于新思潮是如何明目张胆地来反攻，这种想法是错误的。《新青年》的影响仍然是在大多数青年之中，守旧派看到这个杂志的不过是极少数，看了有力量能够加以反对的更是少数中之极少数，因为大多数的守旧派都是无意识的守旧，他们只是知其然而不知其所以然，要他们说出一个反对的理由是非常之困难的。因此反对者虽多，而出来说话者只有一个林纾，所说的话又非常浅薄无聊，就可见守旧派伎俩之薄弱了，但是我们再反过来一看，自《新青年》出版以至今日，宣传新思想新文化已经十年，然而社会上依旧过的是旧礼教的社会，政治上也依旧是传统的孔教式政治，可见新思想的力量也并不十分雄厚了。

平心而论，当时的新文化运动——《新青年》时代的新文化运动——不过仅仅有一股新生蓬勃之气可爱罢了，讲到内容上是非常幼稚浅薄的，他们的论断态度大半毗于武断，反不如《甲寅》时代的处处严守论理，内中陈独秀、钱玄同二人的文字最犯武断的毛病，《新青年》之不能尽满人意在此。但是我们若从另外方面一想，若不是陈、钱诸人用宗教家的态度来武断地宣传新思想，则新思想能否一出就震惊世俗，引起绝大的反响尚未可知，可见物各有长短，贵用得其当罢了。

《新青年》时代，新文化运动只在酝酿，尚未成熟，故我们只能谓之为黎明时代。直到民国八年的"五四"运动起后，春雷一声，才将新文化运动从摇篮中扶养成熟起来。

第二十一章

新文化运动的成绩

新文化运动萌芽于《甲寅》时代，产出于《新青年》时代，而到
"五四"以后才算成熟。"五四"以前，尽管《新青年》的论调怎样
引人注意，究竟效力所及到的还是一小部分，大多数的国民对于他们
的运动不识不知，并感不到什么压迫。"五四"以后就不然了，全国
的罢课、罢教、罢工、罢市种种风潮层见迭出，全国的小刊物，用白
话撰成的小刊物，风起云涌，普及于各地。各国的政治运动、社会运
动、家族运动种种潮流日盛一日，直攻到睡眼朦胧的太平社会的中心
来了，新文化运动已经不是仅仅咬文嚼句的书生运动了，他成了一种
潮流，一种猛厉无前的潮流，将旧社会的权威席卷而去。这是谁的功
劳，是"五四"运动的功劳。

五四运动中的学生

"五四"运动以"内除国贼，外保国权"为口号，实在是一种极壮烈的国民运动，它的发动受新文化运动的刺激影响不少，它的结果却也给新文化运动以一种绝大的帮助，这就是政治运动与文化运动互为因果的好例。

从民国八年"五四"运动以后，到民国十二年底，是新文化运动的极盛时代，过此以后，多数人的精神才力多转移到政治方面，文化运动虽然照常发展，但声势上就未免减色一点了。

这几年来的文化运动，虽然内容浅薄杂乱之处也难免很多，但大体上总是有成绩的，其成绩约分以下的几方面来叙述。

甲、哲学及思想方面

一、世界哲学思想的介绍。"五四"以后，新文化运动正盛之际，适会美国的实验主义派哲学家杜威博士被请来华讲演，所给予中国思想界的影响非常之大。他的平民主义政治思想和教育思想，他的实验

约翰·杜威

主义的哲学思想，在后此数年内很有势力。杜威走后，又请英国哲学家罗素来华，他的数理哲学虽了解者很少，但他的社会改造学说却引起许多人的注意。此外尚有德国的杜里舒博士，美国的孟禄博士等相继来华，但在影响方面效力就较小了。除了请人讲演以外，翻译的哲学思想书也不少，就中以尚志学会丛书较为精审，共学社丛书种类甚多。

二、玄学与科学的论战。民国十二年春间，张嘉森在北京清华学校讲演，反对科学的人生观，丁文江在《努力周报》上著论为科学辩护，主张打倒玄学鬼，于是一场玄学与科学的战争就起来了。两方面参加的人有胡适之、梁启超、范寿康、唐钺、任鸿隽、林志钧、张东荪、王星拱、吴稚晖、陈独秀等人，为这个问题所作的文章约有三十万言之多，真是一场空前的大论战。

李大钊

三、东西文化问题的讨论。东方文化与西方文化的争论，老早就成为问题，《新青年》上李大钊已有文字讨论这个问题，其后继续对这个问题发表意见的有傅斯年、罗家伦、常乃惪、梁漱溟、胡适诸人，不过都是零碎见于报章，并未成为针锋相对的讨论；就中梁漱溟著《东西文化及其哲学》一书，主张西洋化、中国化、印度化三种文化相继进行，在一时颇引起人的注意。

乙、国学方面

国学本来不成一个名词，此处只是循俗沿用而已，内容约包括历史学、文字言语学、考古学等项。约有以下几种发展。

一、考古学的发展。清代受了考据学的影响，考古方面颇有成绩。清德宗光绪二十八年河南汤阴发现商代甲骨文字，民国十三年河南孟津和新郑又发现许多古铜器，这些发现都给考古学者以许多好的资料。关于甲骨文学的研究以王国维最有心得。这些研究虽然于思想界没有直接的关系，但使学者对于古代制度文物得有正确的观念，也是考古之功。

二、历史的整理和提倡。中国的历史本来发达，自文化运动普及以后，历史学的成就更多。梁启超著《中国历史研究法》及各种小史，于提倡历史研究的兴味上功绩最大。此外如陈垣专研究古代外国人同化于中国的历史，柳诒徵著《中国文化史》等，都有功于历史研究。

三、疑古的风气。新文化运动以后，一般人对于历史都持重新估定的态度，故新发明理论很多。于古代历史家则推重章学诚和崔述的疑古著作。在这一方面有成绩的，以顾颉刚用力最勤，他所著《古史辨》一书，在思想界颇有影响。此外胡适、钱玄同等也很有成绩。

四、小说、戏剧的考据整理。新文化运动以后，小说、戏剧的地位顿然增高，因此学者也就有用力于这一方面的。就中以胡适的成绩最高。他所著的《水浒考证》《红楼梦考证》等，都是很精审的著作。此外如顾颉刚、郑振铎等在这一方面也很有贡献。

五、文字音韵学的研究。清学本以文字音韵学为主干，民国的学者承继这种风气，精于此类学问的人也很多，如章炳麟、钱玄同等皆其著者，不过尚没有什么很大的成绩，对于思想界的影响更加微小。

丙、文学方面

新文化运动本以文学革命为主要旗号，故比较上文学方面的成绩也最大。其间可分以下数种：

一、小说。小说在近代中国之被认为有文学上的价值，是自林纾翻译《茶花女遗事》起，新文化运动以后更加被人重视。近年来翻译的小说很多，尤以俄、法两国的小说家最受欢迎，日本小说也颇流行。国外小说家翻译作品最多的是莫泊桑、柴霍甫、武者小路实笃诸人。所译者多数系短篇，长篇则很少。国内最成功的小说家自然要推鲁迅，他的小说具有很有力的讽刺而又不失乡土的风味，确是一个成功作家。其余如叶圣陶、谢冰心、王鲁彦、郁达夫、张资平、黄庐隐等亦均各树一帜。他们的小说大半是诉出社会的不平，故于思想运动很有关系。

二、新诗。新诗即自由诗，是新文化运动以后的一种新发明，最初开创风气者为胡适的《尝试集》，但内容未为成功。初期的作家有名者为康白情之《草儿》，俞平伯之《冬夜》，谢冰心女士之《繁星》与《春水》。俞氏的作品艰涩不如康氏之自然明快，谢冰心的作品婉丽多姿代表女性的色彩，摹仿者颇多。其后这三家都不继续努力，继起者有郭沫若一派的犷悍，徐志摩、闻一多一派的雕琢，高长虹一派的神秘，结果都欠自然，就未免都堕入诗的魔道了。

三、戏剧。戏剧以翻译为多，郑振铎之译《俄国戏曲集》，洪深之改译王尔德等的作品，最为有名。郑氏的翻译不能供实际的演习，洪氏的改译颇合中国语调，不失为一种成功。此外努力于戏剧运动的有陈大悲、蒲伯英、余上沅、熊佛西、田汉诸人，但均无成功。要之中国的新剧尚未成熟，观众不能了解戏剧，戏剧家也不能了解观众，所以只得让梅兰芳、欧阳予倩一流的改良旧剧在舞台上大出风头了。

四、散文。白话的散文约分长短两种，长篇散文大致属于议论的为多，以胡适的文章最有条理。短篇的则属于讽刺或抒情之类居多，以鲁迅（周树人）、周作人兄弟最著名，他们的小品文字不但在文体上青年界模仿者极多，就在思想上也很有势力。

此外艺术如音乐、绘画、雕刻等都没有什么天才出现，无可述之价值。

鲁迅

丁、教育方面

中国人是素重教育的民族，近八十年来政治社会的改革，教育家的贡献最大，新文化运动以后，教育界受了影响，颇有生气，兹分几种叙述如下：

一、国外教育思想的介绍。杜威博士来华讲演他的平民主义的教育，自此以后平民主义在教育界占势力极大，后来美国的孟禄博士等相继来华，平民主义更盛极一时了。

二、职业教育的提倡。职业教育是与平民主义相伴而起的一种思潮，提倡者为黄炎培所领袖的江苏省教育会一派。黄于民国三年曾主张实利主义的教育，后来提倡职业教育仍是此意。

三、新教育制度的改革与创造。平民主义传布以后，教育制度遂有改革趋向美国式的组织。民国十年全国教育会联合会所议决的新教育系统案就是美国精神征服中国教育制度的表现。其后舒新城等提倡道尔顿制的教育，也是摹仿美国新创的制度。此外有常乃惪著《全民教育论发凡》一书，颇有新理想，惜未整理为统系著作，故不为教育界所注意。又胡适曾提倡书院式的学校，其言也很有价值，可惜尚未有人加以实验。

四、国音统一与小学校教白话文。教育上受新思想影响最大的事情就是小学校一律教授白话文，这是民国九年教育部的部令，这个部令确是很重要的一种改革。此外教育部又附设一个读音统一会，制定三十九个注音字母，于民国七年颁布全国，对于国语的普及也影响很大的。

五、国家主义教育的鼓吹。当美国式的平民主义教育正盛极一时的时候，教育界突然起了一支异军，这就是国家主义的教育，主倡者为李璜、余家菊、陈启天诸人，组有国家教育协会以谋发展。他们的主张如收回教育权，取缔教会学校，实行军事教育等，近数年都一一见诸实行。

六、党化教育的实行。国民党自十三年改组以后，遂鼓吹一种党化教育的政策，即以国民党的主义强制灌输于受教育的儿童，以及举行纪念周，读《总理遗嘱》等。北伐成功以后遂以之推行于全国。民国十七年大学院召集全国教育会议，因党化教育名词不佳，改为三民主义的教育。发挥党化教育理论的有王克仁的《党化教育概论》一书，颇能适合潮流。

戊、社会运动方面

受新思想潮流影响最大的，除了文字学以外，要算是社会运动了，其发展约分以下几种：

一、家庭与婚姻的改革运动。《新青年》出版以后，有易家钺、罗敦伟等组织研究家族问题的团体，并实行对家庭的奋斗。潮流一开，青年男女对旧家庭的反抗，就几乎遍了全国，主要的问题自然是在本身的婚姻问题。浙江的学生施存统曾著文主张非孝，颇引起旧社会的非难，但近年来父母对子女的权利究竟减缩多了。

　　二、两性交际及其他问题。中国男女分别的界限最严，近年来突然解放，大中小学多数均男女生同招，男女可以自由交际做朋友。章锡琛主编《妇女杂志》及《新女性》，主张妇女解放尤力。张竞生等《性史》等书，主张肉体的解放，更风行一时。

　　三、女子地位的增高。新文化运动以后，女子的地位顿然增高，在学校有与男子同受教育的权利。国民革命成功以后，女子参政的机会更普遍。依据国民党的党纲，女子更与男子有同等的财产承继权，如果真能实行，女子在社会上的地位更加稳固了。

　　四、社会主义的流行。欧战以后，受了世界潮流的影响，多数人都鼓吹社会主义起来。本来社会主义的思想在欧战以前就已传布于中国。民国元年江亢虎等组织社会党，后为袁世凯所解散，又前清末年吴敬恒、李石曾等在巴黎留居时，已宣传无政府主义。后来有刘师复者鼓吹无政府主义最有力。"五四"以后各派社会主义的学说都相继介绍入中国，研究信仰的人也渐渐多

袁世凯

起来。除共产主义外，以徐六几、郭梦良等所提倡的基尔特社会主义在思想较有影响，但也未能为实际的发展。

　　五、劳工运动的发展。社会主义的运动以工人为主体，故社会主义流行以后，工人运动就因之继起。最初有铁路工会，其后逐渐发展各种工会。最初做劳工运动的人，并不专属于共产党人，如湖南被官厅杀戮的工运领袖黄爱、庞人铨即属于无政府派。其后中国共产党得

第三国际之帮助，以金钱操纵工人，于是工人运动遂分共产、非共产两派，而共产派势力雄厚，卒将反对派一一铲除，统一工运。国民政府清党以后，虽表面上共产势力稍杀，但实际上犹在工人组织中伏有潜势力很大。

六、共产主义的蔓延。自苏俄革命以后，共产主义即间接输入中国。民国九年陈独秀等组织中国共产党，其后党势逐渐发展。民国十三年加入国民党以后，势力更巨，就将一切社会主义的异派都压倒了。

七、农民运动的发展。中国工人本占少数，故社会运动以工人为主体，势不可能。故共产党得势以后，即竭力发展农民运动。在广东各地组织农民协会和农民自卫军，专和乡间的地主及民团抗衡。共产党失败以后，犹赖农军的势力出没湘、粤、赣、鄂诸省，造成游击的局面。

……

以上所述都是这几年来新文化运动的成绩，其余如社会科学、自然科学方面，虽也有人努力，但成绩甚少，也就无足深述了。